WAT & HOE

D1719015

Samengesteld door
Van Dale Lexicografie bv
Spaans: Diego Puls,
m.m.v. Carmen Bartolomé

KOSMOS 🌐 **TAALGIDS**

Utrecht/Antwerpen

Nuttige adressen

Madrid:
Nederlandse ambassade: Avenida del Comandante Franco 32, 28016 Madrid, tel. (0034) (0)91 3537500, fax: (0034) (0)91 3537565, e-mail: nlgovmad@telefonica.net
Belgische ambassade: Paseo de la Castellana 18 (6), Madrid 28046, tel. (0034) (0)91 5776300, fax: (0034) (0)91 4318166, e-mail: madrid@diplobel.org

Barcelona:
Nederlands Consulaat-Generaal: Avenida Diagonal 601, 4°D 08028 Barcelona, tel. (0034) (0)93 4106210, fax: (0034) (0)93 4103009, e-mail: nlgovbar@intercom.es
Belgisch Consulaat-Generaal: Calle Diputacion, 303 1, 08009 Barcelona, tel. (0034) (0)93 4677080/81/82, fax: (0034) (0)93 4877669, e-mail: barcelona@diplobel.org

Las Palmas, Canarische Eilanden:
Nederlands Consulaat: Calle León y Castillo 244-6°, Edificio Bella Vista, 35005 Las Palmas de Gran Canaria, tel. (0034) (0)928 242382, fax: (0034) (0)928 233049
Belgisch Ere Consulaat: Calle Leopoldo Matos, 22 (1), 35006 Las Palmas de Gran Canaria, tel. (0034) (0)928 230701, fax: (0034) (0)928 230701, e-mail: jevami@abaforum.es

Palma de Mallorca:
Nederlands Consulaat: Calle San Miguel, 36-6°-C, 07002 Palma de Mallorca, tel. (0034) (0)971 716493/728364, fax: (0034) (0)971 726642
Belgisch Ere Consulaat: Paseo del Borne, 15-1C, 07012 Palma de Mallorca, tel. (0034) (0)971 724786, fax: (0034) (0)971 718967, e-mail: consubel@bitel.es

Santa Cruz de Tenerife:
Nederlands Consulaat: Edificio Hamilton, Calle La Marina 7, 38002 Santa Cruz de Tenerife, tel. (0034) (0)922 243575, fax: (0034) (0)922 243576, e-mail: nlgovtfe@ctv.es
Belgisch Ere Consulaat: Edificio Ahlers y Rahn, Calle Villalba Hérvas 4-2, 38002 Santa Cruz de Tenerife, tel. (0034) (0)922 241193, fax: (0034) (0)922 241194, e-mail: tenerife.diplobel@tfn.servicom.es

KOSMOS TAALGIDS

Kosmos Taalgidsen: spreek de taal van het reizen
www.kosmosreisgidsen.nl
www.kosmosreisgidsen.be
www.watenhoe.nl
www.watenhoe.be
www.boekenwereld.com

59e druk, 2003
© Kosmos-Z&K Uitgevers B.V. – Utrecht
Van Dale Lexicografie bv – Utrecht/Antwerpen
Omslagontwerp: Teo van Gerwen Design
Tekeningen: Richard Flohr
ISBN 90 215 9816 7
D/2003/0108/114
NUR 507

Inhoudsopgave

Woord vooraf

Deze nieuwe editie van de vertrouwde **Wat & Hoe Spaans** is in samen-
werking met Van Dale Lexicografie aanmerkelijk verbeterd. De hele
tekst is ingrijpend gewijzigd en aangepast aan het moderne toerisme. U
kunt nu bijvoorbeeld *gasolina sin plomo* (loodvrije benzine) betalen met
uw *tarjeta de crédito* (creditcard) en er is meer aandacht besteed aan het
reizen met kinderen (kindermenu, pretpark).
Deze taalgids biedt u uitkomst in verschillende situaties.
Met de gids in de hand zult u er zeker in slagen om duidelijk te maken
wat u bedoelt. In veel gevallen echter zal uw gesprekspartner dan reage-
ren met een vraag of opmerking. En wat dan? U verstaat immers geen
Spaans?
In de gids vindt u per situatie een groot aantal mogelijke **antwoorden**
(met de Nederlandse vertaling), die u aan uw gesprekspartner kunt
voorleggen. Bijvoorbeeld: u vraagt om een treinkaartje naar X en de
lokettist reageert met een wedervraag. Als u hem de gids voorhoudt, zal
hij aanwijzen wat hij bedoelde, bijvoorbeeld *Enkele reis of retour?* of *Met
hoeveel personen reist u?*
Ook kunt u met deze gids **eigen zinnen maken** met behulp van de
woordenlijst achterin.
In veel gevallen hebt u te maken met Spaanse opschriften of korte
teksten die u wilt begrijpen. Denk aan een menukaart of het weerbericht
in de krant. In veel hoofdstukjes is daarom een **alfabetische lijst van
Spaanse termen** opgenomen.
Bovendien kunt u, aan de hand van de **beknopte grammatica**, deze
gids ook gebruiken als een eerste hulpmiddel bij het leren van de Spaanse taal.

Redactie **Wat & Hoe**-taalgidsen

Wat & Hoe-taalgidsen zijn er in de volgende talen:			
Arabisch	Grieks	Noors	Slowaaks
Deens	Hebreeuws	Pools	Spaans
Duits	Hongaars	Portugees	Tsjechisch
Engels	Indonesisch	Roemeens	Turks
Fins	Italiaans	Russisch	Zweeds
Frans	Japans		

Uitspraak

We hebben een eigen systeem ontwikkeld, dat in alle **Wat & Hoe**-taalgidsen wordt gebruikt. Het heeft de volgende kenmerken:
– Het is ondubbelzinnig. Daarmee bedoelen we dat één letter altijd één klank weergeeft. In een woord als *kenteken* staat de *e* voor drie verschillende klanken. In het **Wat & Hoe**-systeem zou dit woord worden weergegeven als *kenteekən*.
– Het sluit zo veel mogelijk aan bij het Nederlands, dus er komen zo min mogelijk accenten en vreemde tekens in voor.
– De klemtoon van elk woord is aangegeven door onderstrepingen van de klinker(s).
– Zogenaamde lange klinkers (*aa, ee* enzovoort) worden in de uitspraakweergave altijd geschreven als een dubbele klinker. Zogenaamde korte klinkers worden altijd weergegeven met een enkele klinker, dat wil zeggen:

a   als in *af*
e   als in *mes*
o   als in *op*.

De gebruikte letters en symbolen:
ch als de *ch* in *recht*
ə   als de stomme *e* in *de*
ĝ   als in *goal*
r   altijd een tongpunt-*r*, rollend, voor in de mond gevormd
S   als de Engelse *th* in *thin* (zachtjes blazen, terwijl u de tongpunt tegen de voortanden houdt).
De overige letters klinken precies zo als in het Nederlands.

1 Handige rijtjes

1.1 Vandaag of morgen?

Welke dag is het vandaag?
- ¿Qué día es hoy?
  ke diea es oj?

Vandaag is het maandag
- Hoy es lunes
  oj es loenes

– dinsdag
- Hoy es martes
  oj es martes

– woensdag
- Hoy es miércoles
  oj es mjercoles

– donderdag
- Hoy es jueves
  oj es choe-ebes

– vrijdag
- Hoy es viernes
  oj es bjernes

– zaterdag
- Hoy es sábado
  oj es sabado

– zondag
- Hoy es domingo
  oj es domiengo

in januari
- en enero
  en eenero

sinds februari
- desde febrero
  desdə febrero

in de lente
- en la primavera
  en la priemabera

in de zomer/'s zomers
- en verano
  en berano

in de herfst
- en otoño
  en otonjo

in de winter/'s winters
- en invierno
  en ienbjerno

1992
- mil novecientos noventa y dos
  miel nobeSie-entos nobenta ie dos

de 20e eeuw
- el siglo XX (veinte)
  el sieĝlo beintə

De hoeveelste is het vandaag?
- ¿Qué día es hoy?
  ke diea es oj?

Vandaag is het de 24e	• Hoy es 24
	oj es beintiekoeatro
maandag, 3 november 1992	• lunes 3 de noviembre de 1992
	loenes tres də nobjembrə də miel nobeSieentos nobenta ie dos
's morgens	• por la mañana
	por la manjana
's middags	• por la tarde
	por la tardə
's avonds	• por la tarde
	por la tardə
's nachts	• por la noche
	por la notsjə
vanmorgen	• esta mañana
	esta manjana
vanmiddag	• esta tarde
	esta tardə
vanavond	• esta tarde
	esta tardə
vannacht (komende nacht)	• esta noche
	esta notsjə
vannacht (afgelopen nacht)	• anoche
	aanotsjə
deze week	• esta semana
	esta səmana
volgende maand	• el mes que viene
	el mes ke bjenə
vorig jaar	• el año pasado
	el anjo pasado
aanstaande ...	• el/la ... que viene
	el/la ... ke bjenə
over ... dagen/weken/ maanden/jaar	• dentro de ... días/semanas/meses/años
	dentro də ... dieas/səmanas/meses/anjos
... weken geleden	• hace ... semanas
	aaSə ... səmanas
vrije dag	• día libre
	diea liebrə

1.2 Feestdagen

De belangrijkste nationale feestdagen in Spanje zijn de volgende:

1 jan.	Año Nuevo (nieuwjaar)
6 jan.	Reyes Magos (Driekoningen) – de Spaanse kinderen krijgen op die dag hun 'Sinterklaas'cadeautjes
19 mrt.	San José (Sint Jozef)
mrt./april	Semana Santa + Pascuas (Goede Week en Pasen) – veel processies, vooral op Witte Donderdag en Goede Vrijdag
1 mei	Día del Trabajo (dag van de arbeid)
mei/juni	Corpus Christi (Sacramentsdag)
24 juni	San Juan
25 juli	Santiago (Sint Jacobus, de patroonheilige van Spanje)
15 aug.	Asunción de Nuestra Señora (Maria-Hemelvaart)
12 okt.	Día de la Hispanidad (dag dat Columbus Amerika ontdekte in 1492)
1 nov.	Todos los Santos (Allerheiligen)
8 dec.	La Purísima (Maria-Ontvangenis)
25 dec.	Navidad (eerste kerstdag)

De meeste winkels, banken en overheidsinstellingen zijn op deze dagen gesloten.
Tweede paasdag, tweede pinksterdag en tweede kerstdag zijn geen feestdagen.
Verder zijn er in Spanje vele regionale feestdagen.

1.3 Hoe laat is het?

Hoe laat is het?	• ¿Qué hora es? *ke oora es?*
Het is 9.00 uur	• Son las nueve *son las noe-ebə*
– 10.05	• Son las diez y cinco *son las die-eS ie Sienko*
– 11.15	• Son las once y cuarto *son las onSə ie koearto*
– 12.20	• Son las doce y veinte *son las doSə ie beintə*
– 13.30	• Es la una y media *es la oena ie medie-a*

− 14.35	• Son las tres menos veinticinco *son las tres menos beintieSienko*
− 15.45	• Son las cuatro menos cuarto *son las koeatro menos koearto*
− 16.50	• Son las cinco menos diez *son las Sienko menos die-eS*
− 12.00 's middags	• Son las doce del mediodía *son las doSə del medieodiea*
− 12.00 's nachts	• Son las doce de la noche *son las doSə də la notsjə*
een half uur	• media hora *mediea oora*
Om hoe laat?	• ¿A qué hora? *aa ke oora?*
Hoe laat kan ik langs- komen?	• ¿A qué hora puedo pasarme? *aa ke oora poe-edo pasarmə?*
Om ...	• A las ... *aa las ...*
Na ...	• Después de las ... *despoe-es də las ...*
Voor ...	• Antes de las ... *antes də las ...*
Tussen ... en ...	• Entre las ... y las ... *entrə las ... ie las ...*
Van ... tot ...	• De las ... a las ... *də las ... aa las ...*
Over ... minuten	• Dentro de ... minutos *dentro də ... mienoetos*
− ... uur	• Dentro de ... horas *dentro də ... ooras*
− een kwartier	• Dentro de un cuarto de hora *dentro də oen koearto də oora*
− drie kwartier	• Dentro de tres cuartos de hora *dentro də tres koeartos də oora*
te vroeg/laat	• muy temprano/tarde *moej temprano/tardə*
op tijd	• a tiempo *aa tie-empo*

1		
zomertijd	• horario de verano	
	oorarieo də berano	
wintertijd	• horario de invierno	
	oorarieo də ienbjerno	

1.4 Een, twee, drie ...

0	cero	*Sero*
1	uno	*oeno*
2	dos	*dos*
3	tres	*tres*
4	cuatro	*koeatro*
5	cinco	*Sienko*
6	seis	*seis*
7	siete	*sie-etə*
8	ocho	*otsjo*
9	nueve	*noe-ebə*
10	diez	*die-eS*
11	once	*onSə*
12	doce	*doSə*
13	trece	*treSə*
14	catorce	*catorSə*
15	quince	*kienSə*
16	dieciséis	*die-eSieseis*
17	diecisiete	*die-eSiesie-etə*
18	dieciocho	*die-eSieotsjo*
19	diecinueve	*die-eSienoe-ebə*
20	veinte	*beintə*
21	veintiuno	*beintieoeno*
22	veintidós	*beintiedos*
30	treinta	*treinta*
31	treinta y uno	*treinta ie oeno*
32	treinta y dos	*treinta ie dos*
40	cuarenta	*koe-arenta*
50	cincuenta	*Sienkoe-enta*
60	sesenta	*sesenta*
70	setenta	*setenta*
80	ochenta	*otsjenta*

90	noventa	*nobenta*
100	cien	*Sie-en*
101	ciento uno	*Sie-ento oeno*
110	ciento diez	*Sie-ento die-eS*
120	ciento veinte	*Sie-ento beinta*
200	doscientos	*dosSie-entos*
300	trescientos	*tresSie-entos*
400	cuatrocientos	*koeatroSie-entos*
500	quinientos	*kienjentos*
600	seiscientos	*seisSie-entos*
700	setecientos	*setaSie-entos*
800	ochocientos	*otsjoSie-entos*
900	novecientos	*nobeSie-entos*
1000	mil	*miel*
1100	mil cien	*miel Sie-en*
2000	dos mil	*dos miel*
10.000	diez mil	*die-eS miel*
100.000	cien mil	*Sie-en miel*
miljoen	un millón	*oen miejon*
1e	primero	*priemero*
2e	segundo	*segoendo*
3e	tercero	*terSero*
4e	cuarto	*koearto*
5e	quinto	*kiento*
6e	sexto	*seksto*
7e	séptimo	*septiemo*
8e	octavo	*oktabo*
9e	noveno	*nobeno*
10e	décimo	*deSiemo*
11e	undécimo	*oendeSiemo*
12e	duodécimo	*doe-odeSiemo*
13e	decimotercero	*deSiemoterSero*
14e	decimocuarto	*deSiemokoearto*
15e	decimoquinto	*deSiemokiento*
16e	decimosexto	*deSiemoseksto*
17e	decimoséptimo	*deSiemoseptiemo*
18e	decimoctavo	*deSiemoktabo*
19e	decimonoveno	*deSiemonobeno*

HANDIGE RIJTJES

20e	vigésimo	*biegesiemo*
21e	vigesimoprimero	*biegesiemopriemero*
22e	vigesimosegundo	*biegesiemosegoendo*
30e	trigésimo	*triegesiemo*
100e	centésimo	*Sentesiemo*
1000e	milésimo	*mielesiemo*

eenmaal
- una vez
  oena beS

tweemaal
- dos veces
  dos beSes

het dubbele
- el doble
  el doblə

het driedubbele
- el triple
  el trieplə

de helft
- la mitad
  la mieta

een kwart
- un cuarto
  oen koearto

een derde
- un tercio
  oen terSieo

een paar, een aantal, enkele
- unos, algunos
  oenos, algoenos

2 + 4 = 6
- dos más cuatro, seis
  dos mas koeatro, seis

4 − 2 = 2
- cuatro menos dos, dos
  koeatro menos dos, dos

2 x 4 = 8
- dos por cuatro, ocho
  dos por koeatro, otsjo

4 : 2 = 2
- cuatro dividido por dos, dos
  koeatro dieviediedo por dos, dos

even/oneven
- par/impar
  par/iempar

(in) totaal
- (en) total
  (en) total

6 x 9 (zes bij negen, oppervlaktemaat)
- seis por nueve
  seis por noe-ebə

1.5 Het weer

Wordt het mooi/slecht weer?	• ¿Hará buen/mal tiempo? *aará boe-en/mal tie-empo?*
Wordt het kouder/ warmer?	• ¿Hará más frío/calor? *aará mas frieo/kalor?*
Hoeveel graden wordt het?	• ¿Cuántos grados hará? *koeantos grados aará?*
Gaat het regenen?	• ¿Va a llover? *ba aa ljober?*
– stormen?	• ¿Tendremos vendaval? *tendremos bendabal?*
– sneeuwen?	• ¿Va a nevar? *ba aa nebar?*
– vriezen?	• ¿Va a helar? *ba aa eelar?*
– dooien?	• ¿Comenzará el deshielo? *komenSara el desie-elo?*
– misten?	• ¿Habrá niebla? *aabra njebla?*
Komt er onweer?	• ¿Habrá tormenta? *aabra tormenta?*
Het weer slaat om	• Va a cambiar el tiempo *ba aa kambjar el tie-empo*
Het koelt af	• Va a refrescar *ba aa refreskar*
Wat voor weer wordt het vandaag/morgen?	• ¿Qué tiempo hará hoy/mañana? *ke tie-empo aará oj/manjana?*

algo nublado licht bewolkt	**cielo cubierto** zwaar bewolkt
bochornoso benauwd	**cielo semicubierto** half bewolkt
bueno mooi	**desapacible** guur
caluroso heet	**despejado** onbewolkt
chubasco regenbui	**escarcha** ijzel

fresco	**nubosidad**
fris	bewolking
frío y húmedo	**ola de calor**
kil	hittegolf
... grados (bajo/sobre cero)	**sofocante**
... graden (onder/boven nul)	snikheet
granizo	**soleado**
hagel	zonnig
helada	**suave**
vorst	zacht
huracán	**vendaval**
orkaan	storm
lluvia	**ventoso**
regen	winderig
lluvioso	**viento**
nat/regenachtig	wind
niebla	**viento moderado/fuerte**
mist	matige/krachtige wind
nieve	**vientos racheados**
sneeuw	rukwinden

1.6 Hier, daar, ...

Zie ook 5 *De weg vragen.*

hier/daar	• aquí/allá
	aakie/aja
ergens/nergens	• en alguna/ninguna parte
	en algoena/niengoena partə
overal	• en todas partes
	en todas partes
ver weg/dichtbij	• lejos/cerca
	lechos/Serka
naar rechts/links	• a la derecha/izquierda
	aa la deretsja/ieSkjerda
rechts/links van	• a la derecha/izquierda de
	aa la deretsja/ieSkjerda də
rechtdoor	• todo recto
	todo rekto

via	• pasando por
	pasando por
in	• en
	en
op	• sobre
	sobrə
onder	• debajo de
	debacho də
tegen	• contra
	kontra
tegenover	• frente a
	frentə aa
naast	• al lado de
	al lado də
bij	• junto a
	choento aa
voor	• delante de
	dəlantə də
in het midden	• en el medio
	en el medieo
naar voren	• hacia adelante
	aaSiea aadəlantə
(naar) beneden	• (hacia) abajo
	(aaSiea) aabacho
(naar) boven	• (hacia) arriba
	(aaSiea) arrieba
(naar) binnen	• (hacia) adentro
	(aaSiea) aadentro
(naar) buiten	• (hacia) afuera
	(aaSiea) aafoe-era
(naar) achter	• (hacia) atrás
	(aaSiea) aatras
vooraan	• delante
	dəlantə
achteraan	• detrás
	dətras
in het noorden	• en el norte
	en el nortə
naar het zuiden	• hacia el sur
	aaSiea el soer
uit het westen	• del oeste
	del ooestə

van het oosten	• del este
	del este
ten … van	• al … de
	al … də

1.7 Wat staat er op dat bordje?

Zie 5.3 voor verkeersborden.

abierto/cerrado	**horario (de apertura)**
open/gesloten	openingstijden
agua no potable	**información**
geen drinkwater	inlichtingen
alta tensión	**liquidación (por cese)**
hoogspanning	(opheffings)uitverkoop
ascensor	**llamar aquí**
lift	hier melden
caballeros	**no funciona**
herentoilet	defect, buiten werking
caja	**no tocar**
kassa	niet aanraken
completo	**¡ojo, mancha!**
vol	nat!
coto privado	**peligro**
privé(terrein) (op het land)	gevaar
cuidado con el perro	**peligro de incendio**
pas op voor de hond	brandgevaar
cuidado, escalón	**peligro de muerte**
denk om het opstapje	levensgevaarlijk
entrada	**piso**
ingang	verdieping
entrada libre	**primeros auxilios**
vrij/gratis toegang	eerste hulp (EHBO-post)
escalera	**prohibido el paso**
trap	geen/verboden toegang
escalera de incendios	**prohibido fotografiar**
brandtrap	fotograferen verboden
escalera mecánica	**prohibido fumar**
roltrap	verboden te roken
freno de emergencia	**prohibido hacer fuego**
noodrem	verboden vuur te maken

prohibido para animales
(huis)dieren niet toegestaan
prohibido pisar el césped
verboden het gras te betreden
propiedad privada
privé(terrein)
razón aquí
inlichtingen alhier
rebajas
uitverkoop
recepción
receptie
recién pintado
pas geverfd
reservado
gereserveerd
saldos
opruiming

salida
uitgang
**salida de emergencia/ salida
de socorro**
nooduitgang
se alquila
te huur
se ruega no molestar
niet storen a.u.b.
se vende
te koop
señoras
damestoilet
servicios
toiletten/wc's
tirar/empujar
trekken/duwen

1.8 Telefoonalfabet

a	*a*	de Antonio	*də antonjo*
b	*be*	de Barcelona	*də barSəlona*
c	*Se*	de Carmen	*də karmen*
ch	*tsje*	de Chocolate	*də tsjokolatə*
d	*de*	de Dolores	*də dolores*
e	*ee*	de Enrique	*də enriekə*
f	*efe*	de Francia	*də franSiea*
g	*che*	de Gerona	*də cherona*
h	*atsjə*	de Historia	*də iestoriea*
i	*ie*	de Inés	*də ienes*
j	*chota*	de José	*də chose*
k	*ka*	de Kilo	*də kielo*
l	*ele*	de Lorenzo	*də lorenSo*
ll	*elje*	de Llobregat	*də ljobrəĝat*
m	*eme*	de Madrid	*də madrie*
n	*ene*	de Navarra	*də nabarra*
ñ	*enje*	de Ñoño	*də njonjo*

o	oo	de Oviedo	də oobjedo
p	pe	de París	də paries
q	koe	de Querido	də keriedo
r	ere	de Ramón	də ramon
s	ese	de Sábado	də sabado
t	te	de Tarragona	də tarraĝona
u	oe	de Ulises	də oelieses
v	oebə	de Valencia	də balenSiea
w	oebədoblə	de Wáshington	də wasjiengton
x	eekies	de Xiquena	də sjiekena
y	ieĝriejeeĝa	de Yegua	də jeĝoea
z	Seta	de Zaragoza	də SaraĝoSa

1.9 Persoonlijke gegevens

In Spanje gebruikt men de eerste achternaam van de moeder als tweede achternaam.

achternaam	• apellidos
	aapejiedos
voornaam	• nombre
	nombrə
voorletters	• iniciales
	ienieSieales
adres (straat/nummer)	• dirección (calle/número)
	dierekSie-on (kaje/noeməro
postcode/woonplaats	• código postal/población
	kodieĝo postal/poblaSie-on
geslacht (m/v)	• sexo (v = varón, m = mujer)
	sekso (varon, moecher)
nationaliteit	• nacionalidad
	naSieonalieda
geboortedatum	• fecha de nacimiento
	fetsja də naSiemjento
geboorteplaats	• lugar de nacimiento
	loeĝar də naSiemjento
beroep	• profesión
	profesieon
gehuwd/ongehuwd/ gescheiden	• casado/soltero/divorciado
	kasado/soltero/dieborSieado

weduwe/weduwnaar	• viuda/viudo *bjoeda/bjoedo*
(aantal) kinderen	• (número de) hijos *(noemero də) iechos*

**nummer identiteits-
bewijs (paspoort/
rijbewijs)**
	• carnet de identidad (pasaporte/permiso de
	  conducir) número
	  *karne də iedentieda (pasaportə/permieso də
	  kondoeSier) noeməro*

plaats en datum van afgifte	• lugar y fecha de expedición *loeĝar ie fetsja də ekspediSieon*

2 Plichtplegingen

2.1 Begroeten

Dag meneer Willemsen	• Hola, buenos días _ola, boe-enos dieas_
Hallo, Peter	• Hola, Peter _ola, peetər_
Hoi, Heleen	• Qué hay, Heleen _ke aj, heeleen_
Goedemorgen mevrouw	• Buenos días, señora (tot 14 uur) _boe-enos dieas, senjora_
Goedemiddag meneer	• Buenas tardes, señor (na 14 uur) _boe-enas tardes, senjor_
Goedenavond	• Buenas tardes (tot 21 uur), buenas noches (na 21 uur) _boe-enas tardes, boe-enas notsjes_
Goedendag	• Buenos días _boe-enos dieas_
Hoe gaat het ermee?	• ¿Qué tal? _ke tal?_
Prima, en met u?	• Muy bien, ¿y usted? _moej bjen, ie oeste?_
Uitstekend	• Estupendo _estoependo_
Niet zo goed	• Regular _reĝoelar_
Gaat wel	• Psé _pse_
Ik ga maar eens	• Bueno, me voy _boe-eno, mə boj_
Ik moet er vandoor. Er wordt op mij gewacht. Dag!	• Tengo que irme. Me están esperando _tengo ke iermə. mə estan esperando_ • ¡Adiós! _aadieos_
Tot ziens	• Hasta luego _asta loe-eĝo_
– gauw	• Hasta pronto _asta pronto_

– straks	• Hasta luego
	asta loe-ego
– zo	• Hasta ahora
	asta aaora

Welterusten	• Que descanse
	ke deskansə
Goedenacht	• Buenas noches
	boe-enas notsjes
Het beste	• Que le vaya bien
	ke lə baja bjen
Veel plezier	• Que se divierta, que lo pase bien
	ke sə diebjerta, ke lo pasə bjen
Veel geluk	• Mucha suerte
	moetsja soe-ertə
Prettige vakantie	• Felices vacaciones
	felieSes bakaSieones
Goede reis	• Buen viaje
	boe-en bjachə
Bedankt, insgelijks	• Gracias, igualmente
	ĝraSieas, ieĝoealmentə
De groeten aan ...	• Recuerdos a ...
	rekoe-erdos aa ...

2.2 Hoe stel je een vraag?

Wie?	• ¿Quién?
	kjen?
Wie is dat?	• ¿Quién es?
	kjen es?
Wat?	• ¿Qué?
	ke?
Wat is hier te zien?	• ¿Qué se puede visitar aquí?
	ke sə poe-edə biesietar aakie?
Wat voor soort hotel is dat?	• ¿Qué clase de hotel es?
	ke klasə də otel es?
Waar?	• ¿Dónde?
	dondə
Waar is het toilet?	• ¿Dónde están los servicios?
	dondə estan los serbieSieos?

Waar gaat u naar toe?	• ¿A dónde va?
	aa dondə ba
Waar komt u vandaan?	• ¿De dónde es usted?
	də dondə es oestę?
Hoe?	• ¿Cómo?
	komo?
Hoe ver is dat?	• ¿A qué distancia queda?
	aa ke diestanSiea keda?
Hoe lang duurt dat?	• ¿Cuánto dura?
	koeanto doera?
Hoe lang duurt de reis?	• ¿Cuánto dura el viaje?
	koeanto doera el bjachə?
Hoeveel?	• ¿Cuánto?
	koeanto?
Hoeveel kost dit?	• ¿Cuánto vale?
	koeanto baalə?
Hoe laat is het?	• ¿Qué hora es?
	ke oora es?
Welk? Welke? (enkel- voud/meervoud)	• ¿Cuál? ¿Cuáles?
	koeal? koeales?
Welk glas is voor mij?	• ¿Cuál es mi copa?
	koeal es mie kopa?
Wanneer?	• ¿Cuándo?
	koeando?
Wanneer vertrekt u?	• ¿Cuándo sale?
	koeando salə?
Waarom?	• ¿Por qué?
	por ke?
Kunt u me …?	• ¿Podría …?
	podriea …?
Kunt u me helpen a.u.b.?	• ¿Podría ayudarme?
	podriea aajoedarmə?
Kunt u me dat wijzen?	• ¿Me lo podría indicar?
	mə lo podriea iendiekar?
Kunt u met me mee- gaan a.u.b.?	• ¿Le importaría acompañarme?
	lə iemportariea aakompanjarmə?
Wilt u …?	• ¿Quiere …?/¿Podría …?
	kjerə …?/podriea …?
Wilt u voor mij kaartjes reserveren a.u.b.?	• ¿Me podría reservar entradas?
	mə podriea reserbar entradas?

Weet u …?	• ¿Sabe …?
	sabə …?
Weet u misschien een ander hotel?	• ¿Sabría indicarme otro hotel?
	sabriea iendiekarmə ootro ootel?
Heeft u …?	• ¿Tiene …?
	tie- enə …?
Heeft u voor mij een …?	• ¿Me podría dar un(a) …?
	mə podriea dar oen(a)…?
Heeft u misschien een gerecht zonder vlees?	• ¿Tendría un plato sin carne?
	tendriea oen plato sien karnə?
Ik wil graag …	• Quisiera …
	kiesie-era …
Ik wil graag een kilo appels	• Quisiera un kilo de manzanas
	kiesie-era oen kielo də manSanas
Mag ik …?	• ¿Puedo …/Se puede …?
	poe-edo … /sə poe-edə?
Mag ik dit meenemen?	• ¿Podría llevármelo?
	podriea ljebarmelo?
Mag ik hier roken?	• ¿Se puede fumar aquí?
	sə poe-edə foemar aakie?
Mag ik wat vragen?	• ¿Puedo hacerle una pregunta?
	poe-edo aaSerlə oena preĝoenta?

2.3 Hoe geef je antwoord?

Ja, natuurlijk	• Sí, claro
	sie, klaro
Nee, het spijt me	• No, lo siento
	no, lo sie-ento
Ja, wat kan ik voor u doen?	• Sí, ¿en qué puedo servirle?
	sie, en ke poe-edo serbierlə?
Een ogenblikje a.u.b.	• Un momento, por favor
	oen momento, por fabor
Nee, ik heb nu geen tijd	• No, ahora no tengo tiempo
	no, aaora no tengo tie-empo
Nee, dat is onmogelijk	• No, eso es imposible
	no, eeso es iemposieblə
Ik geloof het wel	• Creo que sí
	kreo ke sie

– denk het ook	• Yo creo que también *jo kreo ke tambjen*
– hoop het ook	• Yo también lo espero *jo tambjen lo espero*
Nee, helemaal niet	• No, de ninguna manera *no, də niengoena manera*
Nee, niemand	• No, nadie *no, nadie-ə*
Nee, niets	• No, nada *no, nada*
Dat klopt (niet)	• (no) es cierto *(no) es Sie-erto*
Dat ben ik (niet) met u eens	• (No) estoy de acuerdo con usted *(no) estoj də aakoe-erdo kon oeste*
Dat is goed	• Está bien *esta bjen*
Akkoord	• Vale *baalə*
Misschien	• Quizá *kieSa*
Ik weet het niet	• No lo sé *no lo se*

2.4   Dank u wel

Bedankt/dank u wel	• Gracias *graSieas*
Geen dank/graag gedaan	• De nada *də nada*
Heel hartelijk dank	• Muchísimas gracias *moetsjiesiemas graSieas*
Erg vriendelijk van u	• Muy amable (de su parte) *moej aamablə (də soe partə)*
't Was me een waar genoegen	• Ha sido un verdadero placer *aa siedo oen berdadero plaSer*
Ik dank u voor de moeite	• Gracias por la molestia *graSieas por la molestiea*
Dat had u niet moeten doen	• No se hubiera molestado *no sə oebjera molestado*

| **Dat zit wel goed hoor** | • No se preocupe |
| | *no sə preokoepə* |

2.5 Pardon

Pardon	• Perdone
	perdonə
Sorry!	• ¡Perdone!
	perdonə
Sorry, ik wist niet dat ...	• Perdone, no sabía que ...
	perdonə, no sabiea ke ...
Neemt u me niet kwalijk	• Perdone
	perdonə
Het spijt me	• Lo siento
	lo sie-ento
Ik deed het niet expres, het ging per ongeluk	• No ha sido a propósito, ha sido sin querer
	no aa siedo aa proposieto, aa siedo sien kerer
Dat geeft niet, hoor	• No importa
	no iemporta
Laat maar zitten	• Déjelo
	dechelo
Dat kan iedereen overkomen	• Le puede pasar a cualquiera
	lə poe-edə pasar aa koealkjera

2.6 Wat vindt u ervan?

Wat heeft u liever?	• ¿Qué prefiere?
	ke prefjerə?
Wat vind je ervan?	• ¿Qué te parece?
	ke tə pareSə?
Houd je niet van dansen?	• ¿No te gusta bailar?
	no tə ĝoesta bajlar?
Het maakt mij niets uit	• Me da igual
	mə da ieĝoeal
Goed zo!	• ¡Muy bien!
	moej bjen!
Niet slecht!	• ¡No está mal!
	no esta mal!

Uit de kunst!	• ¡Excelente!
	eksSelentə!
Heerlijk!	• ¡Qué delicia!
	ke delieSiea!
Wat is het hier gezellig!	• ¡Qué bien se está aquí!
	ke bjen sə esta aakie!
Wat leuk/mooi!	• ¡Qué mono/bonito!
	ke mono/bonieto!
Wat fijn voor u!	• ¡Cuánto me alegro por usted!
	koeanto mə alegro por oestе!
Ik ben (niet) erg te-vreden over ...	• (No) estoy muy contento con ...
	(no) estoj moej kontento kon ...
Ik ben blij dat ...	• Me alegro que ...
	me alegro ke ...
Ik amuseer me prima	• Me lo estoy pasando muy bien
	me lo estoj pasando moej bjen
Ik verheug me erop	• Me hace ilusión
	me aaSə ieloesieon
Ik hoop dat het lukt	• Espero que salga bien
	espero ke salĝa bjen

Wat waardeloos!	• ¡Qué porquería!
	ke porkeriea!
– afschuwelijk!	• ¡Qué horrible!
	ke orrieblə!
– jammer!	• ¡Qué lástima!
	ke lastiema!
– vies!	• ¡Qué asco!
	ke asko!

Wat een onzin/flauwe-kul!	• ¡Qué tontería!
	ke tonteriea!
Ik houd niet van ...	• No me gusta ...
	no mə ĝoesta ...
Ik verveel me kapot	• Me aburro como un hongo
	mə aaboero komo oen onĝo
Ik heb er genoeg van	• Estoy harto
	estoj arto
Dat kan zo niet	• No puede ser
	no poe-edə ser
Ik had iets heel anders verwacht	• Yo me había esperado otra cosa
	jo mə aabiea esperado ootra kosa

3 Een gesprek

Wat zegt u?

Ik spreek geen/een beetje ...	• No hablo/hablo un poco de ... *no ablo/ablo oen poko də ...*
Ik ben Nederlander/ Nederlandse	• Soy neerlandés (holandés)/neerlandesa (holandesa) *soj neerlandes (olandes)/neerlandesa (olandesa)*
– Belg/Belgische	• Soy belga *soj belĝa*
– Vlaming/Vlaamse	• Soy flamenco/flamenca *soj flamenko/flamenka*
Spreekt u Engels/ Frans/Duits?	• ¿Habla inglés/francés/alemán? *aabla iengles/franSes/aaleman?*
Is er iemand die ... spreekt?	• ¿Hay alguien que hable ...? *aj alĝjen ke aablə ...?*
Wat zegt u?	• ¿Cómo dice? *komo dieSə?*
Ik begrijp het (niet)	• (No) comprendo *(no) komprendo*
Begrijpt u mij?	• ¿Me entiende? *mə entie-endə?*
Wilt u dat a.u.b. herhalen?	• ¿Le importa repetirlo? *lə iemporta repetierlo?*
Kunt u wat langzamer praten?	• ¿Podría hablar más despacio? *podriea aablar mas despaSieo?*
Wat betekent dat/dat woord?	• ¿Qué significa esto/esta palabra? *ke sieĝniefieka esto/esta palabra?*
Is dat (ongeveer) hetzelfde als ...?	• ¿Es (más o menos) lo mismo que ...? *es (mas oo menos) lo miesmo ke ...?*
Kunt u dat voor me opschrijven?	• ¿Podría escribírmelo? *podriea eskriebiermelo?*
Kunt u dat voor me spellen?	• ¿Podría deletreármelo? *podriea deletreearmelo?*

(zie 1.8 *voor het telefoonalfabet)*

Kunt u dat in deze taalgids aanwijzen?	• ¿Me lo podría señalar en esta guía?
	mə lo podri̯ea senjalar en esta ĝiea?
Een ogenblik, ik moet het even opzoeken	• Espere que lo busco en la guía
	esperə ke lo boesko en la ĝiea
Ik kan het woord/de zin niet vinden	• No puedo encontrar la palabra/la frase
	no poe-edo enkontrar la palabra/la frasə
Hoe zeg je dat in het ...?	• ¿Cómo se dice eso en ...?
	komo sə di̯eSə eeso en ...?
Hoe spreek je dat uit?	• ¿Cómo se pronuncia?
	komo sə pronoenSiea?

3.1 Zich voorstellen

Mag ik me even voorstellen?	• Permítame presentarme
	permi̯etamə presentarmə
Ik heet ...	• Me llamo ...
	mə ljamo ...
Ik ben ...	• Soy ...
	soj ...
Hoe heet u?	• ¿Cómo se llama?
	komo sə ljama?
Mag ik u even voorstellen?	• Permítame presentarle a ...
	permi̯etamə presentarlə aa ...
Dit is mijn vrouw/ dochter/moeder/ vriendin	• Esta es mi mujer/mi hija/mi madre/mi amiga
	esta es mie moecher/mie i̯echa/mie madrə/ mie aami̯eĝa
– man/zoon/vader/ vriend	• Este es mi marido/mi hijo/mi padre/mi amigo
	estə es mie mari̯edo/mie i̯echo/mie padrə/mie aami̯eĝo
Hallo, leuk u te ontmoeten	• Hola, mucho gusto
	ola, moetsjo ĝoesto
Aangenaam (kennis te maken)	• Encantado (de conocerle)
	enkantado (də konoSerlə)
Waar komt u vandaan?	• ¿De dónde es usted?
	də dondə es oestet?

Ik kom uit Nederland/ België/Vlaanderen	• Soy neerlandés (holandés)/belga/ flamenco *soj neerlandes (olandes)/belga/flamenko*
In welke stad woont u?	• ¿En qué ciudad vive? *en ke Sie-oeda biebə?*
In ... Dat is dichtbij ...	• En ... Eso está cerca de ... *en ... eeso esta Serka də ...*
Bent u hier al lang?	• ¿Hace mucho que está aquí? *aaSə moetsjo ke esta aakie?*
Een paar dagen	• Unos días *oenos dieas*
Hoe lang blijft u hier?	• ¿Cuánto tiempo piensa quedarse? *koeanto tie-empo pjensa kedarsə?*
We vertrekken (waar-schijnlijk) morgen/ over twee weken	• Nos iremos (probablemente) mañana/ dentro de dos semanas *nos ieremos (probabləmentə) manjana/ dentro də dos semanas*
Waar logeert u?	• ¿Dónde se aloja? *dondə sə aalocha?*
In een hotel/apparte-ment	• En un hotel/apartamento *en oen otel/aapartamento*
Op een camping	• En un camping *en oen kampieng*
In huis bij vrienden/ familie	• En casa de amigos/parientes *en kasa də aamiegos/parie-entəs*
Bent u hier alleen/met uw gezin?	• ¿Ha venido solo/con su familia? *aa beniedo solo/kon soe famielja?*
Ik ben alleen	• He venido solo *ee beniedo solo*
– met mijn partner/ vrouw/man	• con mi pareja/mujer/marido *kon mie parecha/moecher/mariedo*
– met mijn gezin	• con mi familia *kon mie famielja*
– met familie	• con unos parientes *kon oenos parie-entəs*
– met een vriend/een vriendin/vrienden	• con un amigo/una amiga/unos amigos *kon oen aamiego/oena aamiega/oenos aamiegos*
Bent u getrouwd?	• ¿Está casado/casada? *esta kasado/kasada?*

Heb je een vaste vriend (-in)?	• ¿Tienes novio/novia?
	tie-enəs novjo/novja?
Dat gaat u niets aan	• No es asunto suyo
	no es aasoento soejo
Ik ben getrouwd	• Soy casado
	soj kasado
– vrijgezel	• Soy soltero
	soj soltero
– gescheiden (van tafel en bed)	• Estoy separado
	estoj separado
– gescheiden (officieel)	• Estoy divorciado
	estoj dieborSieado
– weduwe/weduwnaar	• Soy viuda/viudo
	soj bjoeda/bjoedo
Ik woon alleen/samen	• Vivo solo/con otra persona
	biebo solo/kon ootra persona
Heeft u kinderen/ kleinkinderen?	• ¿Tiene hijos/nietos?
	tie-enə iechos/njetos?
Hoe oud bent u?	• ¿Cuántos años tiene?
	koeantos anjos tie-enə?
– is zij/hij?	• ¿Cuántos años tiene?
	koeantos anjos tie-enə?
Ik ben … jaar oud	• Tengo … años
	tengo … anjos
Zij/hij is … jaar oud	• Tiene … años
	tie-enə … anjos
Wat voor werk doet u?	• ¿En qué trabaja?
	en ke trabacha?
Ik werk op een kantoor	• Trabajo en una oficina
	trabacho en oena ofieSiena
Ik studeer/zit op school	• Estudio
	estoedieo
Ik ben werkloos	• Estoy en paro
	estoj en paro
– gepensioneerd	• Soy jubilado
	soj choebielado
– afgekeurd, ik zit in de WAO	• Tengo una pensión de invalidez
	tengo oena pensieon də inbaliedeS

– huisvrouw	• Soy ama de casa
	soj aama də kasa
Vindt u uw werk leuk?	• ¿Le gusta su trabajo?
	lə goesta soe trabacho?
Soms wel, soms niet	• A veces sí, a veces no
	aa beSes sie, a beSes no
Meestal wel, maar vakantie is leuker	• Por lo general sí, pero prefiero las vacaciones
	por lo cheneral sie, pero prefjero las bakaSieones

3.2 Iemand aanspreken

Mag ik u wat vragen?	• ¿Podría preguntarle una cosa?
	podrieaa pregoentarlə oena kosa?
Neemt u me niet kwalijk	• Perdone
	perdonə
Pardon, kunt u me helpen?	• ¿Podría ayudarme?
	podriea aajoedarmə?
Ja, wat is er aan de hand?	• Sí, ¿qué pasa?
	sie, ke pasa
Wat kan ik voor u doen?	• ¿En qué puedo servirle?
	en ke poe-edo serbierlə?
Sorry, ik heb nu geen tijd	• Lo siento, ahora no tengo tiempo
	lo sie-ento, aaora no tengo tie-empo
Heeft u een vuurtje?	• ¿Tiene fuego?
	tie-enə foe-ego?
Mag ik bij u komen zitten?	• ¿Le importa que me siente?
	lə iemporta ke mə sie-entə?
Wilt u een foto van mij/ ons maken? Dit knopje indrukken.	• ¿Podría sacarme/sacarnos una foto? Hay que apretar este botón
	podriea sakarmə/sakarnos oena foto? aaj ke aapretar estə boton
Laat me met rust	• Déjeme en paz
	dechemə en paS
Hoepel op	• Váyase a la porra
	bajasə aa la porra
Als u niet weg gaat, ga ik gillen	• Como no se vaya, grito
	komo no sə baja, grieto

3.3 Feliciteren en condoleren

Gefeliciteerd met uw verjaardag/naamdag Gecondoleerd	• Feliz cumpleaños/felicidades *felieS koempleanjos/felieSiedades* • Le acompaño en el sentimiento *lə akompanjo en el sentiemjento*
Ik vind het heel erg voor u	• ¡Cuánto lo siento por usted! *koeanto lo sie-ento por oeste*

3.4 Een praatje over het weer

Zie ook 1.5 *Het weer.*

Wat is het warm/koud vandaag!	• ¡Qué calor/frío hace hoy! *ke kalor/friejo aaSə oj!*
Lekker weer, hè?	• ¡Qué buen tiempo hace! ¿Verdad? *ke boe-en tie-empo aaSə! berdə?*
Wat een wind/storm!	• ¡Vaya viento!/vendaval! *baja bjento/bendabal!*
– regen/sneeuw!	• ¡Cómo llueve!/nieva! *komo ljoe-ebə!/njeba!*
– mist!	• ¡Cuánta niebla! *koeanta njebla!*
Is het hier al lang zulk weer?	• ¿Hace mucho que hace este tiempo? *aaSə moetsjo ke aaSə estə tie-empo?*
Is het hier altijd zo warm/koud?	• ¿Aquí siempre hace tanto calor/frío? *aakie sie-emprə aaSə tanto kalor/frieo?*
– droog/nat?	• ¿Aquí siempre hace un tiempo tan seco/lluvioso? *aakie sie-emprə aaSə oen tie-empo tan seko/ljoebjoso?*

3.5 Hobby's

Heeft u hobby's?	• ¿Tiene algún hobby? *tie-enə algoen chobie?*

| **Ik houd van breien/ lezen/fotograferen/ knutselen** | • Me gusta hacer punto/leer/la fotografía/ el bricolaje
mə ğoesta aaSer poento/lee-er/la fotoğrafiea/ el briekolachə |

| **Ik houd van muziek** | • Me gusta la música
mə ğoesta la moesieka |
| **– gitaar/piano spelen** | • Me gusta tocar la guitarra/el piano
mə ğoesta tokar la ğietarra/el pjano |

| **Ik ga graag naar de film** | • Me gusta ir al cine
mə ğoesta ier al Sienə |
| **Ik reis/sport/vis/wan- del graag** | • Me gusta viajar/hacer deporte/pescar/ salir a caminar
mə ğoesta bjachar/aaSer deportə/peskar/ salier aa kamienar |

3.6 Iets aanbieden

Zie ook 4 *Uit eten.*

Mag ik u iets te drinken aanbieden?	• ¿Le gustaría algo de beber? *lə ğoestariea algo də beber?*
Wat wil je drinken?	• ¿Qué quieres beber? *ke kjeres beber?*
Wilt u een sigaret/ sigaar/shagje draai- en?	• ¿Quiere un cigarrillo/un puro/liar un cigarrillo? *kjere oen Sieğariejo/oen poero/liear oen Sieğariejo?*
Graag iets zonder alcohol	• Algo sin alcohol *alğo sien alkol*
Ik rook niet	• No fumo *no foemo*

3.7 Uitnodigen

| **Heb je vanavond iets te doen?** | • ¿Tienes algo que hacer esta noche?
tie-enes alğo ke aaSer esta notsjə? |

Heeft u al plannen voor vandaag/vanmiddag/vanavond?
- ¿Ya tiene planes para hoy/esta tarde/esta noche?
  ja tie-ənə planes para oj/esta tardə/esta notsjə?

Heeft u zin om met mij uit te gaan?
- ¿Le apetece salir conmigo?
  lə appətęSə salięr konmięĝo?

– mij te gaan dansen?
- ¿Le apetece ir a bailar conmigo?
  lə appətęSə ier aa bajlar konmięĝo?

– mij te eten?
- ¿Le apetece comer conmigo?
  lə appətęSə kommęr konmięĝo?

– mij naar het strand te gaan?
- ¿Le apetece ir a la playa conmigo?
  lə appətęSə ier aa la plaja konmięĝo?

– ons naar de stad te gaan?
- ¿Le apetece ir a la ciudad con nosotros?
  lə appətęSə ier aa la Sie-oeda kon nosotros?

– ons naar vrienden te gaan?
- ¿Le apetece ir a casa de unos amigos con nosotros?
  lə appətęSə ier aa kasa də oenos aamięĝos kon nosotros?

Zullen we dansen?
- ¿Bailamos?
  bajlamos?

Ga je mee aan de bar zitten?
- ¿Vienes a sentarte conmigo en la barra?
  bjenes aa sentartə konmięĝo en la barra?

Zullen we iets gaan drinken?
- ¿Vamos a tomar algo?
  bamos aa tomar alĝo?

Zullen we een eindje gaan lopen/rijden?
- ¿Vamos a dar una vuelta?
  bamos aa dar oena boe-elta?

Ja, dat is goed
- Sí, vamos
  sie, bamos

Goed idee
- Buena idea
  boe-ena iedeea

Nee (bedankt)
- No (gracias)
  no (ĝraSieas)

Straks misschien
- Quizá más tarde
  kieSa mas tardə

Daar heb ik geen zin in
- No me apetece
  no mə appətęSə

Ik heb geen tijd
- No tengo tiempo
  no tęnĝo tie-empo

Ik heb al een andere afspraak
- Ya tengo otro compromiso
  ja tęnĝo otro kompromięso

Ik kan niet dansen/
volleyballen/zwem-
men

- No sé bailar/jugar al voleibol/nadar
  no se bajlar/choeĝar al boleibol/nadar

3.8 Een compliment maken

Wat ziet u er goed uit!
- ¡Qué guapo/guapa está!
  ke ĝoeapo/ĝoeapa esta!

Mooie auto!
- ¡Qué bonito coche!
  ke bonieto kotsjə!

Leuk skipak!
- ¡Qué bonito traje de esquiar!
  ke bonieto trachə də eskjar!

Je bent een lieve jongen/
meid
- Eres muy bueno/buena
  eeres moej boe-eno/boe-ena

Wat een lief kindje!
- ¡Qué niño tan majo/niña tan maja!
  ke nienjo tan macho/nienja tan macha!

U danst heel goed
- Baila muy bien
  bajla moej bjen

– kookt
- Cocina muy bien
  koSiena moej bjen

– voetbalt
- Juega muy bien al fútbol
  choe-eĝa moej bjen al foetbol

3.9 Iemand versieren

Ik vind het fijn om bij
je te zijn
- Me gusta estar contigo
  mə ĝoesta estar kontiego

Ik heb je zo gemist
- Te he echado mucho de menos
  tə ee etsjado moetsjo də menos

Ik heb van je gedroomd
- He soñado contigo
  ee sonjado kontieĝo

Ik moet de hele dag
aan je denken
- Pienso todo el día en ti
  pjenso todo el diea en tie

Je lacht zo lief
- Tienes una sonrisa muy bonita
  tie-enes oena sonriesa moej bonieta

Je hebt zulke mooie
ogen
- Tienes unos ojos muy bonitos
  tie-enes oenos ochos moej bonietos

Ik ben verliefd op je
- Estoy enamorado/enamorada de ti
  estoj enamorado/enamorada də tie

Ik ook op jou	• Yo también de ti
	jo tambjen də tie
Ik houd van jou	• Te quiero
	tə kjero
Ik ook van jou	• Yo también a ti
	jo tambjen a tie
Ik heb niet zulke sterke gevoelens voor jou	• Yo no siento lo mismo por ti
	jo no sie-ento lo miesmo por tie
Ik heb al een vriend/ vriendin	• Ya tengo pareja
	ja tengo parecha
Ik ben nog niet zo ver	• Yo no estoy preparada
	jo no estoj preparada
Het gaat me veel te snel	• Vamos demasiado rápido
	bamos demasie-ado rapiedo
Blijf van me af	• No me toques
	no mə tokes
Okay, geen probleem	• Vale, no importa
	baalə, no iemporta
Blijf je vannacht bij me?	• ¿Te quedas a dormir?
	tə kedas aa dormier?
Ik wil graag met je naar bed	• Me gustaría acostarme contigo
	mə ğoestarie̱a aakostarmə kontie̱ğo
Alleen met een con- doom	• Sólo si usamos condón
	solo sie oesamos kondon
We moeten voorzichtig zijn vanwege aids	• Hay que tener cuidado por lo del sida
	aj ke təner koe-iedado por lo del sieda
Dat zeggen ze allemaal	• Eso es lo que dicen todos
	eeso es lo ke dieSen todos
Laten we geen risico nemen	• Más vale no arriesgarse
	mas baalə no arrie-esğarsə
Heb je een condoom?	• ¿Llevas condones?
	ljebas kondones?
Nee? Dan doen we het niet	• ¿No? Pues entonces no
	no? poe-es entonSes no

3.10   Iets afspreken

Wanneer zie ik je weer?	• ¿Cuándo te veo?
	koeando tə beo?
Heeft u in het weekend tijd?	• ¿Tiene tiempo este fin de semana?
	tie-enə tie-empo estə fien də semana?

Wat zullen we af- spreken?	• ¿Cómo quedamos? *komo kedamos?*
Waar zullen we elkaar treffen?	• ¿Dónde nos encontramos? *dondə nos enkontramos?*
Komt u mij/ons halen?	• ¿Me/nos pasa a buscar? *mə/nos pasa aa boeskar?*
Zal ik u ophalen?	• ¿Le/la paso a buscar? *lə/la paso aa boeskar?*
Ik moet om ... uur thuis zijn	• Tengo que estar en casa a las ... *tengo ke estar en kasa a las ...*
Ik wil u niet meer zien	• No quiero volver a verle/verla *no kjero bolber aa berlə/berla*

3.11 Uitgebreid afscheid nemen

Mag ik u naar huis brengen?	• ¿Le/la acompaño a su casa? *lə/la akompanjo aa soe kasa?*
Mag ik u schrijven/ opbellen?	• ¿Puedo escribirle/llamarle/llamarla por teléfono? *poe-edo eskriebierlə/ljamarlə/ljamarla por telefono?*
Schrijft/belt u mij?	• ¿Me escribirá/llamará por teléfono? *mə eskriebiera/ljamara por telefono?*
Mag ik uw adres/tele- foonnummer?	• ¿Me da su dirección/número de teléfono? *mə da soe dierekSieon/noeməro də telefono?*
Bedankt voor alles	• Gracias por todo *graSieas por todo*
Het was erg leuk	• Lo hemos pasado muy bien *lo eemos pasado moej bjen*
Doe de groeten aan ...	• Recuerdos a ... *rekoe-erdos aa ...*
Ik wens je het aller- beste	• Te deseo lo mejor *tə deseeo lo mechor*
Veel succes verder	• Que te vaya bien *ke tə baja bjen*
Wanneer kom je weer?	• ¿Cuándo vuelves? *koeando boe-elbes?*
Ik wacht op je	• Te esperaré *tə esperare*

Ik zou je graag nog
eens terugzien
Ik hoop dat we elkaar
gauw weerzien
Dit is ons adres. Als u
ooit in Nederland/
België bent ...

U bent van harte wel-
kom

- Me gustaría volver a verte
  mə ĝoestari̯ea bolbe̱r aa be̱rtə
- Espero que nos volvamos a ver pronto
  espe̱ro ke nos bolba̱mos aa ber pro̱nto
- Esta es nuestra dirección. Si alguna vez
  pasa por Holanda/Bélgica ...
  *e̱sta es noe-e̱stra dierekSie̱o̱n. sie alĝo̱e̱na
  beS pa̱sa por ola̱nda/be̱lchieka ...*
- Está cordialmente invitado
  esta̱ kordiealme̱ntə ienbieta̱do

Uit eten

In Spanje houdt men gewoonlijk drie maaltijden aan:

1 *el desayuno* (ontbijt) tussen ± 8.00 – 10.00 uur. Meestal niet meer dan een kop koffie of chocolademelk met een sneetje geroosterd brood, een pastel (soort koffiebroodje), croissant of met *churros* (slingers van gebakken deeg).

2 *la comida/el almuerzo* (lunch) tussen ± 13.00 – 15.30 uur. Dit is altijd een warme maaltijd en de overvloedigste van de dag. Hij bestaat meestal uit drie gerechten:
– primer plato/entremés (voorgerecht)
– segundo plato (hoofdgerecht)
– postre (nagerecht)
Veel restaurants hebben een *menú del día* (menu van de dag) voor een vaste prijs met meestal een keuze uit verschillende gerechten (brood + drankje meestal inbegrepen).

3 *la cena* (avondeten) tussen 20.00 – 22.30 uur; 's zomers en in het zuiden van Spanje meestal nog later. Deze maaltijd lijkt op de middagmaaltijd, maar bevat meestal geen gerechten die zwaar op de maag liggen. In belangrijke toeristencentra zijn de openingstijden vaak aangepast en kan men ook vroeger terecht.

Zo rond 18.00 uur neemt men vaak een kop koffie of chocola met churros.

Verder heeft de Spanjaard de gewoonte voor de maaltijd in een bar een aperitief te nemen met een *tapa* (of *pincho*): een klein hapje om de eetlust op te wekken, bijvoorbeeld diverse worstsoorten, slaatjes, visjes, garnalen enzovoort.

4.1 Bij binnenkomst

Kan ik een tafel voor 7 uur reserveren?	• ¿Podría reservar una mesa para las siete? *podria reserbar oena mesa para las sie-etə?*
Graag een tafel voor 2 personen	• Quisiera una mesa para dos personas *kiesie-era oena mesa para dos personas*
Wij hebben (niet) gereserveerd	• (No) hemos reservado *(no) eemos reserbado*
Is de keuken al open?	• ¿Ya está abierta la cocina? *ja esta aabjerta la koSiena?*
Hoe laat gaat de keuken open/dicht?	• ¿A qué hora abre/cierra la cocina? *aa ke oora aabrə/Sie-erra la koSiena?*

Kunnen wij op een tafel wachten?	• ¿Podemos esperar hasta que se desocupe una mesa?
	podemos esperar asta ke sə desokoepə oena mesa?
Moeten wij lang wachten?	• ¿Tenemos que esperar mucho?
	tenemos ke esperar moetsjo?

¿Ha reservado mesa?	Heeft u gereserveerd?
¿A nombre de quién?	Onder welke naam?
Por aquí, por favor	Deze kant op a.u.b.
Esta mesa está reservada	Deze tafel is gereserveerd
En quince minutos quedará libre una mesa	Over een kwartier hebben wij een tafel vrij
¿Le importaría esperar en la barra mientras tanto?	Wilt u zo lang (aan de bar) wachten?

Is deze plaats vrij?	• ¿Está ocupado este asiento?
	esta okoepado estə aasie-ento?
Mogen wij hier/daar zitten?	• ¿Podemos sentarnos aquí/allí?
	podemos sentarnos aakie/ajie?
– bij het raam	• ¿Podemos sentarnos junto a la ventana?
	podemos sentarnos choento aa la bentana?
Kunnen we buiten ook eten?	• ¿Podemos comer afuera?
	podemos komer aafoe-era?
Heeft u nog een stoel voor ons?	• ¿Podría traernos otra silla?
	podriea traernos ootra sieja?
– een kinderstoel?	• ¿Podría traernos una silla para niños?
	podriea traernos oena sieja para nienjos?
Is er voor deze flessen-warmer een stop-contact?	• ¿Hay un enchufe para este calentador de biberones?
	aj oen entsjoefə para estə kalentador də bieberones?
Kunt u dit flesje/potje voor mij opwarmen?	• ¿Podría calentarme este biberón/este bote?
	podriea kalentarmə estə bieberon/estə botə?
Niet te warm a.u.b.	• Que no esté muy caliente, por favor
	ke no estə moej kaljentə, por fabor

Is hier een ruimte waar ik de baby kan verzorgen?	• ¿Hay algún lugar para cambiar al bebé? *aj algoen loegar para kambjar al bebe?*
Waar is het toilet?	• ¿Dónde están los servicios? *dondə estan los serbieSieos?*

4.2　Bestellen

Ober!	• ¡Camarero! *kamarero!*
Mevrouw /Meneer!	• ¡Oiga (, por favor)! *ojga (, por fabor!)*
Wij willen graag wat eten/drinken	• Quisiéramos comer/beber algo *kiesie-eramos komer/beber algo*
Kan ik snel iets eten?	• ¿Podría comer algo rápido? *podriea komer algo rapiedo?*
Wij hebben weinig tijd	• Tenemos poco tiempo *tenemos poko tie-empo*
Wij willen eerst nog wat drinken	• Antes quisiéramos beber algo *antes kiesie-eramos beber algo*
Mogen wij de menukaart/wijnkaart?	• ¿Nos podría traer la carta/la carta de vinos? *nos podriea traer la karta/la karta də bienos?*
Heeft u een menu in het Engels?	• ¿Tienen menú en inglés? *tie-enen menoe en iengles?*
Heeft u een dagmenu/ toeristenmenu?	• ¿Tienen menú del día/menú turístico? *tie-enen menoe del diea/menoe toeriestieko?*
Wij hebben nog niet gekozen	• Todavía no hemos elegido *todabiea no eemos eelechiedo*
Wat kunt u ons aanbevelen?	• ¿Qué nos recomienda? *ke nos rekomjenda?*
Wat zijn de specialiteiten van deze streek/ het huis?	• ¿Cuáles son las especialidades de la región/de la casa? *koeales son las espeSiealiedades də la rechjon/də la kasa?*
Ik houd van aardbeien/ olijven	• Me gustan las fresas/las olivas *mə goestan las fresas/las ooliebas*
Ik houd niet van vis/ vlees/…	• No me gusta el pescado/la carne/… *no mə goesta el peskado/la karnə/…*

UIT ETEN

Wat is dit?	• ¿Qué es esto? *ke es esto?*
Zitten er ... in?	• ¿Lleva ...? *ljeba ...?*
Waar lijkt het op?	• ¿A qué se parece? *aa ke sə pareSə?*
Is dit gerecht warm of koud?	• ¿Es un plato caliente o frío? *es oen plato kaljentə oo frieo?*
– zoet?	• ¿Es un plato dulce? *es oen plato doelSə?*
– pikant/gekruid?	• ¿Es un plato picante/con mucho condimento? *es oen plato piekantə/kon moetsjo kondiemento?*
Heeft u misschien iets anders?	• ¿Tendría otra cosa? *tendriea ootra kosa?*
Ik mag geen zout (eten)	• No puedo comer sal *no poe-edo komer sal*
– varkensvlees	• No puedo comer carne de cerdo *no poe-edo komer karnə də Serdo*
– suiker	• No puedo comer azúcar *no poe-edo komer aaSoekar*
– vet	• No puedo comer grasa *no poe-edo komer ĝrasa*
– (scherpe) kruiden	• No puedo comer cosas picantes *no poe-edo komer kosas piekantes*

¿Van a comer?	Wilt u eten?
¿Ya han elegido?	Heeft u uw keuze gemaakt?
¿Van a tomar un aperitivo?	Wilt u een aperitief gebruiken?
¿Qué van a tomar?	Wat wilt u drinken?
Que aproveche	Eet smakelijk
¿Van a tomar postre/café?	Wilt u nog een nagerecht/koffie?

Graag hetzelfde als die mensen	• Lo mismo que esos señores, por favor *lo miesmo ke eesos senjores, por fabor*
Ik wil graag ...	• Para mí ... *para mie ...*

Wij nemen geen voor-gerecht	• No vamos a comer primer plato *no bamos aa komer priemer plato*
Het kind zal wat van ons menu mee-eten	• El niño comerá de nuestro menú *el nienjo komera də noe-estro menoe*
Nog wat brood a.u.b.	• Más pan, por favor *mas pan, por fabor*
– een fles water/wijn	• Otra botella de agua/de vino, por favor *ootra boteja də aagoea/də bieno, por fabor*
– een portie …	• Otra ración de …, por favor *ootra raSieon də …, por fabor*
Kunt u zout en peper brengen a.u.b.?	• ¿Podría traerme sal y pimienta? *podriea traermə sal ie piemjenta?*
– een servet	• ¿Podría traerme una servilleta? *podriea traermə oena serbiejeta?*
– een lepeltje	• ¿Podría traerme una cucharilla? *podriea traermə oena koetsjarieja?*
– een asbak	• ¿Podría traerme un cenicero? *podriea traermə oen SenieSero?*
– lucifers	• ¿Podría traerme unas cerillas? *podriea traermə oenas Seriejas?*
– tandenstokers	• ¿Podría traerme unos palillos? *podriea traernos oenos paliejos?*
– een glas water	• ¿Podría traerme un vaso de agua? *podriea traermə oen baso də aagoea?*
– een rietje (voor het kind)	• ¿Podría traerme una pajita (para el niño)? *podriea traermə oena pachieta (para el nienjo)?*
Eet smakelijk!	• ¡Que aproveche! *ke aaprobetsjə!*
Van hetzelfde	• Igualmente *iegoealmentə*
Proost!	• ¡Salud! *saloe!*
Het volgende rondje is voor mij	• La próxima ronda la pago yo *la proksiema ronda la pago jo*
Mogen wij de resten meenemen voor onze hond?	• ¿Podemos llevarnos las sobras para el perro? *podemos ljebarnos las sobras para el perro?*

4.3 Afrekenen

Zie ook 8.2 *Afrekenen.*

Wat is de prijs van dit gerecht?	• ¿Cuánto vale este plato? *koeanto baalə estə plato?*
De rekening a.u.b.	• La cuenta, por favor *la koe-enta, por fabor*
Alles bij elkaar	• Todo junto *todo choento*
Ieder betaalt voor zich	• Cada uno paga lo suyo *kada oeno paĝa lo soejo*
Mogen wij de kaart nog even zien?	• ¿Podría traernos otra vez la carta? *podria traernos ootra beS la karta?*
De ... staat niet op de rekening	• Ha olvidado apuntar el/la ... *aa olbiedado aapoentar el/la ...*

4.4 Klagen

Het duurt wel erg lang	• Están tardando mucho *estan tardando moetsjo*
Wij zitten hier al een uur	• Ya llevamos una hora aquí *ja ljebamos oena oora aakie*
Dit moet een vergissing zijn	• Esto tiene que ser una equivocación *esto tie-enə ke ser oena eekiebokaSieon*
Dit is niet wat ik besteld heb	• Esto no es lo que he pedido *esto no es lo ke ee pediedo*
Ik heb om ... gevraagd	• He pedido ... *ee pediedo ...*
Er ontbreekt een gerecht	• Falta un plato *falta oen plato*
Dit is kapot/niet schoon	• Esto está roto/no está limpio *esto esta roto/no esta liempjo*
Het eten is koud	• La comida está fría *la komieda esta friea*
– niet vers	• La comida no está fresca *la komieda no esta freska*

– te zout/zoet/gekruid	• La comida está muy salada/dulce/picante *la komieda esta moej salada/doelSə/piekantə*
Het vlees is niet gaar	• La carne está cruda *la karnə esta kroeda*
– te gaar	• La carne está muy hecha *la karnə esta moej etsja*
– taai	• La carne está dura *la karnə esta doera*
– bedorven	• La carne está podrida *la karnə esta podrieda*
Kunt u mij hier iets anders voor geven?	• ¿Me podría traer otra cosa en lugar de esto? *mə podriea traer ootra kosa en loeĝar də esto?*
De rekening/dit bedrag klopt niet	• La cuenta/este precio está mal *la koe-enta/estə preSieo esta mal*
Dit hebben wij niet gehad	• Esto no lo hemos comido/bebido *esto no lo eemos komiedo/bebiedo*
Er is geen toiletpapier op het toilet	• No hay papel en el servicio *no aj papel en el serbieSieo*
Heeft u een klachtenboek?	• ¿Tienen libro de reclamaciones? *tie-enən liebro də reklamaSieones?*
Wilt u a.u.b. uw chef roepen?	• Haga el favor de llamar al jefe *aaĝa el fabor də ljamar al chefə*

4.5 Een compliment geven

Wij hebben heerlijk gegeten	• Hemos comido muy bien *eemos komiedo moej bjen*
Het heeft ons voortreffelijk gesmaakt	• La comida ha estado exquisita *la komieda aa estado ekskiesieta*
Vooral de … was heel bijzonder	• Sobre todo nos ha gustado mucho el/la … *sobrə todo nos aa ĝoestado moetsjo el/la …*

4.6 Menukaart

aperitivo
  aperitief
bebidas alcohólicas
  alcoholische dranken
bebidas calientes
  warme dranken
carta de vinos
  wijnkaart
cócteles
  cocktails
cubierto
  a) couvert b) dagmenu
entremeses variados
  voorafjes
especialidades
  specialiteiten
guarnición
  garnering, bijgerecht
mariscos
  schaal- en schelpdieren
menú del día
  dagmenu
pastelería
  taart, gebak
pescados
  visgerechten

platos calientes
  warme gerechten
platos combinados
  plate service
platos del día
  dagschotels
platos fríos
  koude gerechten
platos principales
  hoofdgerechten
platos típicos
  gerechten uit de streek
postres
  desserts
primeros platos
  voorgerechten
raciones
  porties
servicio incluido
  bediening inbegrepen
sopas
  soepen
tapas
  hapjes (bij de borrel)
vinos
  wijnen

4.7 Alfabetische dranken- en gerechtenlijst

aceituna
  olijf
aguacate
  avocado

ahumado
  gerookt
ajo
  knoflook

albóndiga
gehaktbal, vleesballetje
alcachofa
artisjok
almejas
(kleine) mosselen
almendra
amandel
ancas de rana
kikkerbilletjes
anchoa
ansjovis
anguila
aal, paling
angulas
glasaaltjes
anís
anijslikeur
apio
selderij
arenque
haring
arroz (con leche)
rijst(ebrij)
asado
gebraden
atún
tonijn
avellana
hazelnoot
bacalao
stokvis, kabeljauw
batido de ...
...drank, ...milkshake
berberechos
schelpdiertjes
berenjena
aubergine
biftec
biefstuk
bizcocho (borracho)
(in likeur gedrenkte) cake

blanco
wit
bocadillo
belegd broodje
bonito
tonijn
boquerones
verse ansjovis
brazo de gitano
soort gebak
buey
ossenvlees
buñuelo de crema
soort gevulde oliebol
cabrito
jonge geit
café (solo/con leche)
koffie (zwart/met melk)
calamares (en su tinta)
inktvis (in eigen inkt)
caldo
bouillon
callos
pens
canelones
gevulde deegrolletjes
cangrejo
a) rivierkreeft b) krab
caracoles
slakken
carne
vlees
carpa
karper
castaña
kastanje
cebolla
ui
cerdo
varkensvlees
cereza
kers

cerveza
bier
chanquetes
gebakken visjes
chorizo
rode, pikante worst
chucrut
zuurkool
chuleta
kotelet
churros
gefrituurde deegstengels
ciervo
hert
cigala
kleine zeekreeft
ciruela
pruim
clarete
lichtrode, niet zoete wijn
cochinillo asado
gebraden speenvarken
cocido
gekookt
cocido
eenpansgerecht, stoofschotel
codorniz
kwartel
col
kool
coles de Bruselas
spruitjes
coliflor
bloemkool
coñac
cognac
concha
schelp
conejo
konijn
consomé con huevo
bouillon met ei

copa helada
ijscoupe
cordero
lamsvlees
costilla
rib
crema
room
crema de ...
crèmesoep
crepes
flensjes
criadillas
teelballen
crudo
rauw
cuba libre/cubata
rum-cola
dátil
dadel
dulce
zoet gerecht
emperador
zwaardvis
en escabeche
gemarineerd
en jalea
in gelei
endivia
witlof
ensalada (mixta)
salade, sla (met tomaat en ui)
ensalada marquesa
salade van tomaten, ui en
peterselie
ensaladilla rusa
aardappelsalade
escalope
wienerschnitzel
espárragos
asperges

espinacas
spinazie

fabada asturiana
gerecht van grote witte bonen

fideos
vermicelli

filete
filet

flan
custardpudding (met
karamelsaus)

frambuesa
framboos

fresa
aardbei

fresco
a) vers b) koel

frito
gefrituurd, gebakken

fruta (del tiempo)
(vers) fruit

galleta
koekje, biscuit

gambas
grote garnalen

garbanzos
kikkererwten

gazpacho andaluz
koude soep

granizado
drankje van geschaafd ijs

grosellas
bessen

guisado
gestoofd

guisado, guiso
stoofgerecht

guisantes
doperwten

habas
tuinbonen

helado
ijs

hígado de ganso
ganzenlever

higo
vijg

horchata (de chufas)
notenmelk

huevos al plato
spiegeleieren

huevos duros
hardgekookt eieren

huevos revueltos
roerei

infusión
kruidenthee

jamón cocido/de York
gekookte ham

jamón serrano
rauwe ham

jerez (seco, dulce)
sherry (droge, zoete)

judías verdes
sperziebonen

jugo
sap, jus

langosta
kreeft

langostino
soort garnaal

leche
melk

lechuga
kropsla

legumbres
peulvruchten

lengua
tong (vlees)

lenguado
tong (vis)

lentejas
linzen

licor
likeur

liebre
haas

limón
citroen

limonada
a) citroenlimonade
b) sangria

lomo de cerdo
varkenshaas

longaniza
lange braadworst

lubina
zeewolf

maíz (mazorca)
maïs(kolven)

málaga
donkere zoete wijn

manteca
vet, reuzel

mantecado
roomijs

mantequilla
boter

manzana
appel

manzanilla
a) kamille b) soort sherry

marinado
gemarineerd

mazapán
marsepein

mejillones
grote mosselen

melocotón
perzik

melón
meloen

membrillo
kweepeer

merengue
schuimgebak

merluza
heek (soort schelvis)

mermelada
jam

mero
griet, heilbot

mollejas
zwezerik

morcilla
bloedworst

naranja
sinaasappel

naranjada
sinas

nata
(slag)room

natillas
soort vla

nuez
walnoot

ostras
oesters

paella
rijstschotel met vis en schelpdieren

pan
brood

pasas
rozijnen

pasas de Corinto
krenten

pastel
a) gebakje b) pastei

pastel de caza
wildpastei

patatas fritas
a) gebakken aardappelen
b) patates frites

pato (silvestre)
eend (wild)

pavo
kalkoen

pechuga
borst

pepino
komkommer

pepinillos
augurken

pera
peer

perdiz
patrijs

perejil
peterselie

pescado
vis

picadillo de ternera
kalfsvleesschotel

pierna
bout

pimienta
peper

pimiento
paprika

piña
ananas

plancha (a la)
gegrild

plátano
banaan

platija
schol

pollo
kip

pomelo
grapefruit

potaje
maaltijdsoep

puchero
stoofschotel

pudin
a) pudding b) pastei

puerro
prei

pulpo
inktvis

queso
kaas

rábanos
radijsjes

rabo de buey
ossenstaart

rape
zeeduivel

relleno
gevuld

remolacha
biet

riñones
niertjes

romana (a la)
in beslag gefrituurd

ron
rum

rosado
rosé

salchicha
worstje, saucijs

salchichón
soort cervelaatworst

salmón
zalm

salmonete
zeebarbeel

sandía
watermeloen

sangría
sangria (wijn met stukjes fruit)

sardinas
sardines

seco
droog/gedroogd

sesos
hersenen

UIT ETEN

setas
paddestoelen
solomillo de buey
ossenhaas
sopa
soep
sopa de tortugas
schildpadsoep
tarta helada
ijstaart
té
thee
ternera
kalfsvlees
tinto
rood
tocino
spek
tomate
tomaat
tortilla española
dikke aardappelomelet
tortilla francesa
omelet
trucha
forel

trufas
truffels
turrón
noga
uva
druif
vaca
koe/rund
venado
hert
verduras
groenten
vinagre
azijn
yemas
snoepgoed
yogur
yoghurt
zanahorias
worteltjes
zarzuela
gemengde visschotel
zumo
sap

5 Onderweg

De weg vragen

Pardon, mag ik u iets vragen?	• Perdone, ¿podría preguntarle algo? *perdonə, podriea preĝoentarlə algo?*
Ik ben de weg kwijt	• Me he perdido *mə ee perdiedo*
Weet u een ... in de buurt?	• ¿Sabe dónde hay un(a) ... por aquí? *sabə dondə aj oen(a) ... por aakie?*
Is dit de weg naar ...?	• ¿Se va por aquí a ...? *sə ba por aakie aa ...?*
Kunt u me zeggen hoe ik naar ... moet rijden/ lopen?	• ¿Podría decirme cómo llegar a ...? *podriea deSiermə komo ljeĝar aa ...?*
Hoe kom ik het snelst in ...?	• ¿Cómo hago para llegar lo antes posible a ...? *komo aaĝo para ljeĝar lo antes posieblə aa ...?*
Hoeveel kilometer is het nog naar ...?	• ¿Cuántos kilómetros faltan para llegar a ...? *koeantos kielometros faltan para ljeĝar aa ...?*
Kunt u het op de kaart aanwijzen?	• ¿Podría señalarlo en el mapa? *podriea senjalarlo en el mapa?*

No sé, no soy de aquí	Ik weet het niet, ik ben hier niet bekend
Por aquí no es	U zit verkeerd
Tiene que volver a ...	U moet terug naar ...
Allí los carteles le indicarán	Daar wijzen de borden u verder
Vuelva a preguntar allí	Daar moet u het opnieuw vragen
todo recto	rechtdoor
a la izquierda	linksaf
a la derecha	rechtsaf
torcer	afslaan
seguir	volgen
cruzar	oversteken
el cruce	de kruising
la calle	de straat

el semáforo	het verkeerslicht
el túnel	de tunnel
el stop	het verkeersbord 'voorrangs-kruising'
el edificio	het gebouw
en la esquina	op de hoek
el río	de rivier
el viaducto	het viaduct
el puente	de brug
el paso a nivel/las barreras	de spoorwegovergang/de spoor-bomen
el cartel en dirección de ...	het bord richting ...
la flecha	de pijl

5.1 Douane

Grensdocumenten: Voor Nederlanders en Belgen geldt een geldig paspoort of een geldige Europese identiteitskaart.
In- en uitvoerbepalingen:
– geld: euro's en/of overige valuta mogen tot een tegenwaarde van 6 duizend euro vrij in- en uitgevoerd worden. Hogere waarden dienen bij invoer te worden aangegeven en mogen dan, mits aangegeven bij binnenkomst, ook weer uitgevoerd worden.
– goederen, producten etc.: volgens EU-regels.

Su pasaporte, por favor	Uw paspoort a.u.b.
La tarjeta verde, por favor	De groene kaart a.u.b.
El permiso de circulación/la carta gris, por favor	Het kentekenbewijs a.u.b.
Su visado, por favor	Uw visum a.u.b.
¿Adónde va?	Waar gaat u naartoe?
¿Cuánto tiempo piensa que-darse?	Hoe lang bent u van plan te blijven?
¿Tiene algo que declarar?	Heeft u iets aan te geven?
¿Puede abrir esto?	Wilt u deze openmaken?

Mijn kinderen zijn bijgeschreven in dit paspoort	• Mis hijos están apuntados en este pasaporte *mies iechos estan aapoentados en estə pasaportə*
Ik ben op doorreis	• Estoy de paso *estoj də paso*
Ik ga op vakantie naar ...	• Voy de vacaciones a ... *boj də bakaSieones aa ...*
Ik ben op zakenreis	• He venido en viaje de negocios *ee beniedo en bjachə də neĝoSieos*
Ik weet nog niet hoe lang ik blijf	• Todavía no sé cuánto tiempo me quedaré *todabiea no se koeanto tie-empo mə kedarę*
Ik blijf hier een weekend	• Pienso quedarme un fin de semana *pjęnso kedarmə oen fien də semana*
– een paar dagen	• Pienso quedarme unos días *pjęnso kedarmə oenos dieas*
– een week	• Pienso quedarme una semana *pjęnso kedarmə oena semana*
– twee weken	• Pienso quedarme dos semanas *pjęnso kedarmə dos semanas*
Ik heb niets aan te geven	• No tengo nada que declarar *no tęngo nada ke deklarar*
Ik heb – bij me	• Traigo – *trajĝo –*
– een slof sigaretten	• Traigo un cartón de cigarrillos *trajĝo oen karton də Sieĝariejos*
– een fles ...	• Traigo una botella de ... *trajĝo oena boteja də ...*
– enkele souvenirs	• Traigo algunos recuerdos de viaje *trajĝo alĝoenos rekoe-erdos də bjachə*
Dit zijn persoonlijke spullen	• Éstos son artículos personales *ęstos son artiekoelos personalęs*
Deze spullen zijn niet nieuw	• Estas cosas no son nuevas *estas kosas no son noe-ebas*
Hier is de bon	• Aquí está el recibo *aakię esta el reSiebo*
Dit is voor eigen gebruik	• Esto es para uso personal *ęsto es para oeso personal*

5 **Hoeveel moet ik aan invoerrechten beta-len?**	• ¿Cuánto tengo que pagar por derechos de aduana? *koeanto tengo ke pagar por deretsjos də aadoeana?*
Mag ik nu gaan?	• ¿Puedo seguir? *poe-edo segier?*

5.2 Bagage

Kruier!	• ¡Mozo! *moSo!*
Wilt u deze bagage naar ... brengen a.u.b.?	• ¿Podría llevar este equipaje a ...? *podriea ljebar estə eekiepachə aa ...?*
Hoeveel krijgt u van mij?	• ¿Cuánto le debo? *koeanto lə debo?*
Waar kan ik een baga-gewagentje vinden?	• ¿Dónde hay carritos para el equipaje? *dondə aj karrietos para el eekiepachə?*
Kan ik deze bagage in bewaring geven?	• ¿Podría dejar este equipaje en la consigna? *podriea dechar estə eekiepachə en la konsiegna?*
Waar zijn de bagage-kluizen?	• ¿Dónde está la consigna automática? *dondə esta la konsiegna automatieka?*
Ik krijg de kluis niet open	• No logro abrir la puerta de la consigna *no logro aabrier la poe-erta də la konsiegna*
Hoeveel kost het per stuk per dag?	• ¿Cuánto sale por bulto y por día? *koeanto salə por boelto ie por diea?*
Dit is niet mijn tas/ koffer	• Éste/ésta no es mi bolso/mi maleta *estə/esta no es mie bolso/mie maleta*
Er ontbreekt nog een stuk/tas/koffer	• Todavía falta un bulto/un bolso/una maleta *todabiea falta oen boelto/oen bolso/oena maleta*
Mijn koffer is be-schadigd	• Me ha dañado la maleta *mə aan danjado la maleta*

a la derecha
naar rechts
a la izquierda
naar links
abierto
open (van bergpas)
altura máxima
max. doorrijhoogte
arcenes sin firmar
zachte berm
¡atención, peligro!
gevaar
autopista
autosnelweg (met tol)
autovía
autoweg
bajada peligrosa
steile helling
bifurcación
splitsing
calzada resbaladiza
slipgevaar
cambio de sentido
mogelijkheid om in de tegen-
overgestelde richting te gaan
rijden (op de snelweg)
cañada
overstekend vee
carretera comarcal
provinciale weg
carretera cortada
afgesloten weg
carretera en mal estado
slechte weg
carretera nacional
autoweg
carretera vecinal
B-weg
ceda el paso
voorrang verlenen

cerrado
gesloten (van bergpas)
cruce peligroso
gevaarlijke kruising
curvas en .. km
bochten over ... km
despacio
langzaam rijden
desprendimientos
vallend gesteente
desvío
omleiding
dirección prohibida
verboden in te rijden
dirección única
eenrichtingsverkeer
encender las luces
lichten ontsteken
esperar
wachten
excepto ...
met uitzondering van ...
fin de ...
einde ...
hielo
ijs
niebla
mistbanken
nieve
sneeuw
obras
werkzaamheden
paso a nivel (sin barreras)
(onbewaakte) overgang
paso de ganado
overstekend vee
peaje
tol
peatones
voetgangers

precaución
  voorzichtig
	substancias peligrosas
	  route gevaarlijke stoffen

prohibido aparcar
  parkeren verboden
	travesía peligrosa
	  gevaarlijk traject

puesto de socorro
  EHBO-post
	vado permanente
	  uitrit vrijlaten

salida
  uit(gang)
	zona peatonal
	  voetgangerszone

5.4   De auto

Zie afbeelding pag. 62, 63.

Afwijkende verkeersregels:
– **maximumsnelheid** op auto(snel)wegen:
120 km: personenauto's – motoren
100 km: autobussen
 90 km: vrachtwagens
 80 km: auto's met caravan
op wegen met 2 of meer rijstroken in één rijrichting, buiten de bebouwde kom:
100 km: personenauto's – motoren
 90 km: autobussen
 80 km: auto's met caravan – vrachtwagens
op overige wegen buiten de bebouwde kom:
 90 km: personenauto's – motoren
 80 km: autobussen
 70 km: auto's met caravan – vrachtwagens
 50 km: voor alle verkeer in de bebouwde kom.

– **voorrang**: alle verkeer van rechts heeft voorrang, ook het langzame,
behalve op voorrangswegen. Openbaar vervoer heeft altijd voorrang als
het van rechts komt, tenzij anders aangegeven.
Een verkeersbord: gele driehoek met rode rand met het opschrift *ceda el
paso* = voorrang verlenen!
– **motor**: vanaf 125 cc cilinderinhoud is helm verplicht, bij minder dan
125 cc alleen verplicht buiten de bebouwde kom.
– **bergwegen**: verplicht claxonneren bij onoverzichtelijke bochten.
– **autogordels**: verplicht, ook achterin indien aanwezig.

5.5 Het benzinestation

Door een leveringsverbod is het in Spanje niet mogelijk LPG te tanken.
De voorraad LPG in de tank mag worden opgebruikt. Loodvrije benzine is overal verkrijgbaar.

Hoeveel kilometer is het naar het volgende benzinestation?	• ¿Cuántos kilómetros faltan para la próxima gasolinera? *koeantos kielometros faltan para la proksiema gasolienera?*
Ik wil … liter –	• Póngame … litros de – *pongamə … lietros də –*
– superbenzine	• Póngame … litros de gasolina súper *pongamə … lietros də gasoliena soeper*
– normale benzine	• Póngame … litros de gasolina normal *pongamə … lietros də gasoliena normal*
– diesel	• Póngame … litros de gasóleo *pongamə … lietros də gasoleeo*
– loodvrije benzine	• Póngame … litros de gasolina sin plomo *pongamə … lietros də gasoliena sien plomo*
Ik wil voor … peseta's benzine	• Póngame gasolina por … pesetas *pongamə gasoliena por … pesetas*
Vol a.u.b.	• Lléneme el depósito, por favor *ljenemə el deposieto, por fabor*
Wilt u – controleren?	• ¿Podría controlar–? *podriea kontrolar –?*
– het oliepeil	• ¿Podría controlar el nivel del aceite? *podriea kontrolar el niebel del aaSeitə?*
– de bandenspanning	• ¿Podría controlar la presión de los neumáticos? *podriea kontrolar la presieon də los neoematiekos?*
Kunt u de olie verversen?	• ¿Podría cambiar el aceite? *podriea kambjar el aaSeitə?*
Kunt u de ruiten/de voorruit schoonmaken?	• ¿Podría limpiar los cristales/el parabrisas? *podriea liempjar los kriestales/el parabriesas?*

De onderdelen van de auto (de genummerde onderdelen zijn aangeteld)

	Nederlands	Spaans	(transcriptie)
1	accu	la batería	*la batería*
2	achterlicht	el faro piloto	*el fáro piłóto*
3	achteruitkijkspiegel	el retrovisor	*el retroviśor*
	achteruitrijlamp	la luz de marcha atrás	*la loeS da martsja atrás*
4	antenne	la antena	*la-antena*
	autoradio	la autorradio	*la-autorrádio*
5	benzinetank	el depósito de gasolina	*el depósito da gaśołina*
6	bougies	las bujías	*las boechías*
	brandstoffilter/pomp	el separador de gasolina	*el separador da gaśołiena*
7	buitenspiegel	el espejo exterior	*el espécho eksterior*
8	bumper	el parachoques	*el parátsjokes*
	carburateur	el carburador	*el karboeraḍor*
	carter	el cárter	*el kárter*
	cilinder	el cilindro	*el Sieliendro*
	contactpunten	los contactos del ruptor	*los kontaktos del roeptor*
	controlelampje	la luz piloto	*la loeS pielóto*
	dynamo	la dinamo	*la diénamo*
	gaspedaal	el pedal del acelerador	*el pedal del aSełerador*
	handrem	el freno de mano	*el fréno da mano*
	klep	la válvula	*la bálboela*
9	knalpot	el silenciador	*el sielenSieador*
10	kofferbak	el maletero	*el małétero*
11	koplamp	el faro	*el fáro*
12	krukas	el cigüeñal	*el Siegoe-eníal*
	luchtfilter	el filtro de aire	*el fíltro da gíra*
	mistachterlicht	la luz antiniebla trasera	*la loeS antienieblja trasera*
13	motorblok	el bloque motor	*el bloka motor*
	nokkenas	el árbol de levas	*el árbol da łębas*
	oliefilter/pomp	el filtro de aceite	*el fíltro da aSéita*
	oliepeilstok	la varilla indicadora de nivel de aceite	*la baríja ientikadora da niébel da aSéita*
14	pedal	el pedal	*el pedal*
15	portier	la portezuela	*la portaSoeéla*
16	radiateur	el radiador	*el radieador*
	remschijf	el disco del freno	*el diśko del fréno*
	reservewiel	la rueda de reserva	*la roeéda da reserba*
17	richtingaanwijzer	el intermitente	*el ientermietente*
18	ruitenwisser	el limpiaparabrisas	*el liempjaparabriśas*
19	schokbrekers	los amortiguadores	*los amortiguadores*
	schuifdak	el techo corredizo	*el tetsjo korrediSo*
	spoiler	el spoiler	*el spóiler*
	startmotor	el motor de arranque	*el motor da arrangka*
20	stuurhuis	el cárter de la dirección	*el kárter da la dierekSion*
21	uitlaatpijp	el tubo de escape	*el toebo da eskápa*
22	veiligheidsgordel	el cinturón (de seguridad)	*el Sientoeron (da segoeriedad)*
23	verdelerkabels	los cables del distribuidor	*los kábles del diestriboe-iedor*
24	versnellingshandel	la palanca de cambios	*la palangka da kambio*
25	voorruit	el parabrisas	*el parabriśas*
	waterpomp	la bomba de agua	*la bomba da agóea*
26	wiel	la rueda	*la roeéda*
27	wieldop	el tapacubos	*el tapakoebos*
	zuiger	el émbolo	*el émbolo*

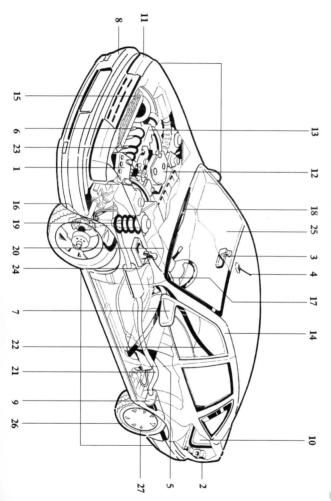

Kunt u de auto een wasbeurt geven?

- ¿Podría lavar el coche?
  podriea labar el kotsjə?

5.6 Pech en reparaties

Ik heb pech. Kunt u me even helpen?

- Tengo una avería. ¿Podría ayudarme?
  tengo oena aaberiea. podriea aajoedarmə?

Ik sta zonder benzine

- Me he quedado sin gasolina
  mə ee kedado sien ĝasoliena

Ik heb de sleuteltjes in de auto laten zitten

- Me he dejado las llaves en el coche
  mə ee dechado las ljabes en el kotsjə

De auto/motorfiets/ brommer start niet

- El coche/la moto/el ciclomotor no arranca
  el kotsjə/la moto/el Sieklomotor no arranka

Kunt u voor mij de wegenwacht waar-schuwen?

- ¿Podría avisar al auxilio en carretera?
  podriea aabiesar al auksieljo en karretera?

Kunt u voor mij een garage bellen?

- ¿Podría llamar por teléfono a un taller mecánico?
  podriea ljamar por telefono aa oen tajer mekanieko?

Mag ik met u meerij-den naar –?

- ¿Me podría llevar a –?
  mə podriea ljebar aa –?

– een garage/de stad

- ¿Me podría llevar a un taller mecánico/a la ciudad?
  mə podriea ljebar aa oen tajer mekanieko/ aa la Sieoeda?

– een telefooncel

- ¿Me podría llevar a una cabina de teléfonos?
  mə podriea ljebar aa oena kabiena də telefonos?

– een praatpaal

- ¿Me podría llevar a un teléfono de emergencia?
  mə podriea ljebar aa oen telefono də eemerchenSiea?

Kan mijn (brom)fiets ook mee?

- ¿Podríamos llevar la bicicleta/el ciclomotor?
  podrieamos ljebar la bieSiekleta/el Sieklomotor?

Kunt u mij naar een garage slepen?	• ¿Podría remolcarme hasta un taller mecánico?
	podriea remolkarmə asta oen tajer mekanieko?
Er is waarschijnlijk iets mis met ... (Zie 5.4 en 5.7)	• Me parece que está fallando el/la ...
	mə pareSə ke esta fajando el/la ...
Kunt u het repareren?	• ¿Podría arreglarlo?
	podriea arreĝlarlo?
Kunt u mijn band plakken?	• ¿Podría arreglar el pinchazo?
	podriea arreĝlar el pientsjaSo?
Kunt u dit wiel verwisselen?	• ¿Podría cambiar esta rueda?
	podriea kambjar esta roe-eda?
Kunt u het zo repareren dat ik ermee naar ... kan rijden?	• ¿Podría arreglarlo de tal manera que pueda seguir hasta ...?
	podriea arreĝlarlo də tal manera ke poe-eda seĝier asta ...?
Welke garage kan me wel helpen?	• ¿En qué taller me podrán ayudar entonces?
	en ke tajer mə podran aajoedar entonSes?
Wanneer is mijn auto/fiets klaar?	• ¿Para cuándo estará mi coche/bicicleta?
	para koeando estara mie kotsjə/bieSiekleta?
Kan ik er hier op wachten?	• ¿Puedo esperar aquí?
	poe-edo esperar aakie?
Hoeveel gaat het kosten?	• ¿Por cuánto me va a salir?
	por koeanto mə ba aa salier?
Kunt u de rekening specificeren?	• ¿Podría especificar la cuenta?
	podriea espeSiefiekar la koe-enta?
Mag ik een kwitantie voor de verzekering?	• ¿Me podría dar un recibo para el seguro?
	mə podriea dar oen reSiebo para el seĝoero?

No tengo piezas de recambio para su coche/su bicicleta	Ik heb geen onderdelen voor uw wagen/fiets
Las piezas de recambio me las tienen que traer de otro sitio	Ik moet de onderdelen ergens anders gaan halen
Las piezas de recambio tengo que encargarlas	Ik moet de onderdelen bestellen
Eso llevará medio día	Dat duurt een halve dag

Eso llevará un día	Dat duurt een dag
Eso llevará unos días	Dat duurt een paar dagen
Eso llevará una semana	Dat duurt een week
Su coche ha quedado sinies-tro total	Uw auto is total loss
Ya no se puede hacer nada para arreglarlo	Daar valt niets meer aan te doen
El coche/la moto/el ciclomo-tor/la bicicleta estará para las ...	De auto/motor/brommer/fiets is om ... uur klaar

5.7 De (brom)fiets

Zie afbeelding fiets pag. 68, 69.

Fietspaden zijn in Spanje zeldzaam. Er wordt over het algemeen weinig rekening gehouden met fietsers op de weg. Aan de kust zijn wel moge-lijkheden om fietsen te huren. Voor een bromfiets geldt: duopassagiers zijn verboden, de maximumsnelheid is 40 km/uur en buiten de bebouw-de kom is het dragen van een helm verplicht.

5.8 Vervoermiddel huren

Ik wil graag een ... huren	• Quisiera alquilar un ... *kiesie-era alkielar oen ...*
Heb ik daarvoor een (bepaald) rijbewijs nodig?	• ¿Hace falta un permiso de conducir (especial)? *aaSə falta oen permieso də kondoeSier (espeSieal?)*
Ik wil de ... huren voor –	• Quisiera alquilar el/la ... por – *kiesie-era alkielar el/la ... por –*
– een dag	• Quisiera alquilar el/la ... por un día *kiesie-era alkielar el/la ... por oen diea*
– twee dagen	• Quisiera alquilar el/la ... por dos días *kiesie-era alkielar el/la ... por dos dieas*

Wat kost dat per dag/ week?	• ¿Cuánto sale por día/por semana? *koeanto sale por diea/por semana?*
Hoeveel is de borgsom?	• ¿Cuánto es la fianza? *koeanto es la fjanSa?*
Mag ik een bewijs dat ik de borgsom betaald heb?	• ¿Me podría dar un recibo por el pago de la fianza? *mə podriea dar oen reSiebo por el paĝo də la fjanSa?*
Hoeveel toeslag komt er per kilometer bij?	• ¿Cuánto hay que pagar extra por kilómetro? *koeanto aj ke paĝar ekstra por kielometro?*
Is de benzine erbij inbegrepen?	• ¿Está incluida la gasolina? *esta ienkloe-ieda la ĝasoliena?*
Is de verzekering erbij inbegrepen?	• ¿Está incluido el seguro? *esta ienkloe-iedo el seĝoero?*
Hoe laat kan ik de ... morgen ophalen?	• ¿A qué hora puedo pasar mañana a buscar el/la ...? *aa ke oora poe-edo pasar manjana aa boeskar el/la ...?*
Wanneer moet ik de ... terugbrengen?	• ¿A qué hora tengo que devolver el/la ...? *aa ke oora tenĝo ke debolber el/la ...?*
Waar zit de tank?	• ¿Dónde está el depósito de gasolina? *dondə esta el deposieto də ĝasoliena?*
Wat voor brandstof moet erin?	• ¿Qué tipo de combustible hay que echarle? *ke tiepo də komboestieblə aj ke etsjarlə?*

5.9 Liften

Waar gaat u naar toe?	• ¿Adónde va? *aadondə ba?*
Mag ik met u meerijden?	• ¿Me podría llevar? *mə podriea ljebar?*
Mag mijn vriend/ vriendin ook mee?	• ¿Podría llevar también a mi amigo/ amiga? *podriea ljebar tambjen aa mie aamieĝo/ aamieĝa?*
Ik moet naar ...	• Voy a ... *boj aa ...*
Ligt dat op de weg naar ...?	• ¿Eso está camino de ...? *eeso esta kamieno də ...?*

De onderdelen van de fiets (de genummerde onderdelen zijn afgebeeld)

Nederlands	Español	Uitspraak
1 achterlicht	el piloto	el piloto
2 achterwiel	la rueda trasera	la roe-eda trasera
3 bagagedrager	el portaequipajes	el porta-ekiepaches
4 balhoofd	la cabeza	la kabeSa
5 bel	el timbre	el tiembre
binnenband	la cámara	la kamara
buitenband	el neumático/la cubierta	el ne-oematieeko/la koebierta
6 crank	la biela	la bjela
7 derailleur	el cambio de velocidades	el kambjo de beloSiedades
draadje	el hilo	el ielo
dynamo	la dinamo	la dienamo
fietskar	el remolque de bicicleta	el remolke de bieSiekleta
frame	el cuadro	el koeadro
8 jasbeschermer	el guardafaldas	el goeardafaldas
9 ketting	la cadena de rodillos	la kadena de rodiejos
kettingkast	el cubrecadena/el carter	el koebrekadena/el karter
kettingslot	la cadena antirrobo	la kadena antierobo
kilometerteller	el contador kilométrico	el kontador kielomeetrieko
kinderzitje	el sillín para niños	el siejen para nienjos
10 koplamp	el faro	el faro
lampje	la bombilla	la bombija
11 pedaal	el pedal	el pedal
12 pompje	la bombilla	la bombija
13 reflector	el cristal reflectante	el kriestal reflektante
14 remblokje	la zapatilla del freno	la Sapatieja del freno
15 remkabel	el cable del freno	el kable del freno
16 ringslot	la cerradura	la Serradura
17 snelheidsmeter	el velocímetro	el beloSiemetro
snelbinders	las bandas elásticas	las bandas elastiekas
18 spaak	el radio/el rayo	el radio/el rajo
19 spatbord	el guardabarros	el goeardabaros
20 stuur	el manillar	el maniejar
21 tandwiel	el piñón	el pienjon
toeclip	el calapiés	el kalapjes
22 trapas	el eje del cigüeñal	el eche del Sigüe-en-igl
trommelrem	el freno de tambor	el freno de tambor
23 velg	la llanta	la janta
24 ventiel	la válvula	la balboela
ventielslangetje	el tubo de la válvula	el toebo de la balboela
25 versnellingskabel	el cable de velocidades	el kable de beloSiedades
26 voorvork	la horquilla	la orkieja
27 voorwiel	la rueda delantera	la roeeda delantera
28 zadel	el sillín	el siejen

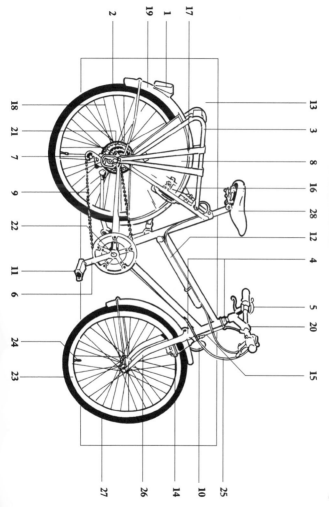

Kunt u me – afzetten?	• ¿Me podría dejar –?
	mə podriea dechar –?
– hier	• ¿Me podría dejar aquí mismo?
	mə podriea dechar aakie miesmo?
– bij de afrit naar ...	• ¿Me podría dejar en la salida de ...?
	mə podriea dechar en la salieda də ...?
– in het centrum	• ¿Me podría dejar en el centro?
	mə podriea dechar en el Sentro?
– bij de volgende roton-de	• ¿Me podría dejar en la próxima rotonda?
	mə podriea dechar en la proksiema rotonda?
Wilt u hier stoppen a.u.b.?	• ¿Podría pararse aquí?
	podriea pararsə aakie?
Ik wil er hier uit	• Quisiera bajarme aquí
	kiesie-era bacharmə aakie
Dank u wel voor de lift	• Gracias por llevarme
	ĝraSieas por ljebarmə

6 Openbaar vervoer

6.1 Algemeen

Omroepberichten

El tren con destino a ..., con salida a las ..., saldrá con (unos) ... minutos de retraso.	De trein naar ..., van ... uur heeft een vertraging van ... minuten.
Por la vía ... entrará el tren con destino a .../procedente de ...	Op spoor ... komt binnen de trein naar .../uit ...
En la vía ... aún se encuentra el tren con destino a ...	Op spoor ... staat nog gereed de trein naar ...
El tren con destino a ... hoy saldrá por la vía ...	De trein naar ... vertrekt vandaag van spoor ...
Nos estamos aproximando a la estación de ...	We naderen station ...

Waar gaat deze trein naartoe?	• ¿Adónde va este tren? _aadondə ba estə tren?_
Gaat deze boot naar ...?	• ¿Este barco va a ...? _estə barco ba aa ...?_
Kan ik deze bus nemen om naar ... te gaan?	• ¿Puedo coger este autobús para ir a ...? _poe-edo kocher estə autoboes para ier aa ...?_
Stopt deze trein in ...?	• ¿Este tren para en ...? _estə tren para en ...?_
Is deze plaats bezet/ vrij/gereserveerd?	• ¿Está ocupado/libre/reservado este asiento? _esta ookoepado/liebrə/reserbado estə aasie-ento?_
Ik heb ... gereserveerd	• ... está reservado/reservada _... esta reserbado/reserbada_
Wilt u me zeggen waar ik moet uitstappen voor ...?	• ¿Me podría decir dónde me tengo que bajar para ir a...? _mə podriea deSier dondə mə tengo ke bachar para ier aa...?_

Wilt u me waarschuwen als we bij … zijn?	• ¿Me podría avisar cuando lleguemos a …?
	mə podriea aabiesar koeando ljeĝemos aa …?
Wilt u bij de volgende halte stoppen a.u.b.?	• La próxima parada, por favor
	la proksiema parada, por fabor
Waar zijn we hier?	• ¿Dónde estamos?
	dondə estamos
Moet ik er hier uit?	• ¿Tengo que bajarme aquí?
	tengo ke bacharmə aakie?
Zijn we … al voorbij?	• ¿Ya hemos pasado …?
	ja eemos pasado …?
Hoe lang heb ik geslapen?	• ¿Cuánto tiempo he dormido?
	koeanto tie-empo ee dormiedo?
Hoe lang blijft … hier staan?	• ¿Cuánto tiempo se queda aquí …?
	koeanto tie-empo sə keda aakie …?
Kan ik op dit kaartje ook weer terug?	• ¿Este billete me sirve para volver?
	estə biejetə mə sierbə para bolber?
Kan ik met dit kaartje overstappen?	• ¿Se puede hacer trasbordo con este billete?
	sə poe-edə aaSer trasbordo kon estə biejetə?
Hoe lang is dit kaartje geldig?	• ¿Hasta cuándo es válido este billete?
	asta koeando es baliedo estə biejetə?

6.2 Vragen aan passagiers

Soort plaatsbewijs

¿Primera o segunda clase?	Eerste klas of tweede klas?
¿Billete de ida o de ida y vuelta?	Enkele reis of retour?
¿Fumadores o no fumadores?	Roken of niet roken?
¿Ventanilla o pasillo?	Aan het raam of aan het gangpad?
¿Adelante o atrás?	Voorin of achterin?
¿Asiento o litera?	Zitplaats of couchette?
¿Arriba, en el medio o abajo?	Boven, midden of onder?
¿Clase turista o preferente?	Toeristenklasse of business class?
¿Camarote o butaca?	Hut of stoel?
¿Individual o doble?	Eenpersoons of tweepersoons?

¿Cuántas personas viajan?	Met hoeveel personen reist u?

Bestemming

¿Adónde quiere ir?	Waar gaat u naartoe?
¿Qué día sale?	Wanneer vertrekt u?
Su ... sale a las ...	Uw ... vertrekt om ...
Tiene que hacer transbordo	U moet overstappen
Tiene que bajarse en ...	U moet uitstappen in ...
Tiene que pasar por ...	U moet via ... reizen
El viaje de ida es el día ...	De heenreis is op ...
El viaje de vuelta es el día ...	De terugreis is op ...
Tiene que embarcar a las ... a más tardar	U moet uiterlijk ... aan boord zijn

In het vervoermiddel

Billetes, por favor	Uw plaatsbewijs a.u.b.
Su reserva, por favor	Uw reservering a.u.b.
Su pasaporte, por favor	Uw paspoort a.u.b.
Se ha equivocado de asiento	U zit op de verkeerde plaats
Se ha equivocado de ...	U zit in de verkeerde ...
Este asiento está reservado	Deze plaats is gereserveerd
Tiene que pagar un suplemento	U moet toeslag betalen
El ... tiene un retraso de ... minutos	De ... heeft een vertraging van ... minuten

6.3 Kaartjes

Waar kan ik –?	• ¿Dónde –?
	dǫndə –?
– een kaartje kopen	• ¿Dónde se compran los billetes?
	dǫndə sə kǫmpran los biejętes?
– een plaats reserveren	• ¿Dónde se hacen las reservas?
	dǫndə sə aaSen las resęrbas?

– een vlucht boeken	• ¿Dónde puedo hacer una reserva para un vuelo? *dondə poe-edo aaSer oena reserba para oen boe-elo?*
Mag ik – naar …?	• Quiero – a … *kjero – aa …*
– een enkele reis	• Quiero un billete de ida a … *kjero oen biejete də ieda aa …*
– een retour	• Quiero un billete de ida y vuelta a … *kjero oen biejetə də ieda ie boe-elta aa …*
eerste klasse	• en primera clase *en priemera klasə*
tweede klasse	• en segunda clase *en segoenda klasə*
toeristenklasse	• en clase turista *en klasə toeriesta*
business class	• en clase preferente *en klasə preferentə*
Ik wil een zitplaats/ couchette/hut reserveren	• Quisiera reservar un asiento/una litera/un camarote *kiesie-era reserbar oen aasie-ento/oena lietera/oen kamarotə*
Ik wil een plaats in de slaapwagen reserveren	• Quisiera reservar una plaza en un coche cama *kiesie-era reserbar oena plaSa en oen kotsjə kama*
boven/midden/onder	• arriba/en el medio/abajo *arrieba/en el medieo/aabacho*
roken/niet roken	• fumadores/no fumadores *foemadores/no foemadores*
aan het raam	• ventanilla *bentanieja*
eenpersoons/tweepersoons	• individual/doble *iendiebiedoeal/doblə*
voorin/achterin	• adelante/atrás *aadelantə/atras*
We zijn met … personen	• Somos … personas *somos … personas*
een auto	• un coche *oen kotsjə*

een caravan	• una caravana *oena karabana*
... fietsen	• ... bicicletas *... bieSiekletas*
Heeft u ook een –?	• ¿Tienen –? *tie-enen –?*
– meerrittenkaart	• ¿Tienen billetes para varios viajes? *tie-enen biejetes para barieos bjaches?*
– weekabonnement	• ¿Tienen abonos semanales? *tie-enen aabonos semanales?*
– maandabonnement	• ¿Tienen abonos mensuales? *tie-enen aabonos mensoeales?*

6.4   Inlichtingen

Waar is –?	• ¿Dónde hay –? *dondə aj –?*
– het inlichtingen- bureau	• ¿Dónde está la oficina de información? *dondə esta la oofieSiena də ienformaSieon?*
– een overzicht van de vertrektijden/aan- komsttijden	• ¿Dónde hay un horario? *dondə aj oen oorarieo?*
Waar is de balie van ...?	• ¿Dónde está el mostrador de ...? *dondə esta el mostrador də ...?*
Heeft u een platte- grond van de stad met het bus-/metronet?	• ¿Tendría un plano de la ciudad con la red de autobuses/metro? *tendriea oen plano də la Sieoeda kon la re də autoboesəs/metro?*
Heeft u een dienst- regeling?	• ¿Tendría un horario (de autobuses/de trenes)? *tendriea oen oorarieo (də autoboeses/də trenes)?*
Ik wil mijn reservering/ reis naar ... bevesti- gen/annuleren/wij- zigen	• Quisiera confirmar/cancelar/cambiar mi reserva/mi viaje a ... *kiesie-era konfiermar/kanSelar/kambjar mie reserba/mie bjachə aa ...*
Krijg ik mijn geld terug?	• ¿Me devuelven el dinero? *mə deboe-elben el dienero?*

Ik moet naar ... Hoe reis ik daar (het snelst) naar toe?
- Tengo que ir a ... ¿Cómo hago para llegar (lo más rápido posible)?
  tengo ke ier aa ... komo aago para ljegar (lo mas rapiedo posieblə)?

Hoeveel kost een enkele reis/retour naar ...?
- ¿Cuánto vale un billete de ida/de ida y vuelta a ...?
  koeanto baalə oen biejetə də iedad/də ieda ie boe-elta aa ...?

Moet ik toeslag betalen?
- ¿Tengo que pagar algún suplemento?
  tengo ke pagar algoen soeplemento?

Mag ik de reis met dit ticket onderbreken?
- ¿Con este billete puedo hacer una parada intermedia?
  kon estə biejetə poe-edo aaSer oena parada ientermediea?

Hoeveel bagage mag ik meenemen?
- ¿Cuánto equipaje puedo llevar?
  koeanto eekiepachə poe-edo ljebar?

Gaat deze ... rechtstreeks?
- ¿Este ... va directo?
  estə ... ba dierekto?

Moet ik overstappen? Waar?
- ¿Tengo que hacer trasbordo? ¿Dónde?
  tengo ke aaSer trasbordo? dondə?

Maakt het vliegtuig tussenlandingen?
- ¿El avión hace escalas?
  el aabieon aaSə eskalas?

Doet de boot onderweg havens aan?
- ¿El barco hace alguna escala?
  el barko aaSə algoena eskala?

Stopt de trein/bus in ...?
- ¿Este tren/este autobús para en ...?
  estə tren/estə autoboes para en ...?

Waar moet ik uitstappen?
- ¿Dónde me tengo que bajar?
  dondə mə tengo ke bachar?

Is er een aansluiting naar ...?
- ¿Hay enlace para ...?
  aj enlaSə para ...?

Hoe lang moet ik wachten?
- ¿Cuánto tengo que esperar?
  koeanto tengo ke esperar?

Wanneer vertrekt ...?
- ¿Cuándo sale ...?
  koeando salə ...?

Hoe laat gaat de/het eerste/volgende/laatste ...?
- ¿A qué hora sale el primer/próximo/último ...?
  aa ke oora salə el priemer/proksiemo/oeltiemo ...?

Hoe lang doet ... erover?
- ¿Cuánto tarda ... en llegar?
  koeanto tarda ... en ljegar?

Hoe laat komt ... aan in ...?
- ¿A qué hora llega ... a ...?
  aa ke oora ljega ... aa ...?

Waar vertrekt de/het ...
  naar ...?
Is dit ... naar ...?

• ¿De dónde sale el ... a ...?
  də dóndə salə el ... aa ...?
• ¿Este es ... a ...?
  estə es ... aa ...?

6.5 Vliegtuig

Als toerist zult u waarschijnlijk met een chartervlucht aankomen op een van de Spaanse luchthavens. Soms zijn er twee luchthavens naast elkaar, een voor de *vuelos chárter* (charters) en een voor *vuelos de línea* (lijn-vluchten). Meestal zijn er op de luchthavens twee ingangen: *llegadas* (aankomst) en *salidas* (vertrek). Na het inchecken krijgt u een *tarjeta de embarque* (instapkaart) en wordt u verteld via welke *puerta* (uitgang) u naar het vliegtuig moet lopen.

llegadas	salidas
aankomst	vertrek
puente aéreo	**vuelos internacionales**
luchtbrug (ononderbroken	internationaal
luchtverbinding Madrid-Barce-	**vuelos nacionales**
lona)	binnenlandse vluchten

6.6 Trein

Het spoorwegnet is in Spanje niet zo uitgebreid als bij ons, maar daar staat tegenover dat de trein over het algemeen goedkoper is (althans per kilometer) dan wij gewend zijn. De Spaanse Spoorwegen (RENFE) zijn verantwoordelijk voor het nationale treinverkeer. Rond Barcelona worden nog enkele lijnen door plaatselijke maatschappijen geëxploiteerd. Tussen de grote steden rijdt de TALGO, een luxe intercitytrein. Deze rijdt ook 's nachts. Kaartjes zijn verkrijgbaar aan het loket en op RENFE-kantoren en -verkooppunten in de steden.

Voor buitenlanders is de 'Tarjeta Turística Flexi' verkrijgbaar. Dit is een toeristenkaart waarmee men minimaal 3 en maximaal 10 dagen binnen een periode van 2 maanden met de trein door heel Spanje kan reizen (1e of 2e klas); voor sommige treinen/trajecten wordt een aparte toeslag verlangd; kinderen tussen 4 en 12 jaar krijgen 50 procent korting op de aanschafprijs van deze kaart. Verkrijgbaar in Spanje bij alle kantoren van de RENFE.

6.7   Taxi

Taxi's zijn er in Spanje in overvloed en ze zijn goedkoper dan bij ons.
Vooral in Barcelona (zwart-geel) en Madrid (meestal zwart met rode
streep) rijden er duizenden. Als de taxi vrij is brandt op het dak een
groen licht en een bordje *libre*. De gebruikelijke manier om een taxi te
nemen is op straat wachten tot er een langskomt en uw hand opsteken.
De meeste taxi's hebben een meter en de ritprijs is afhankelijk van
afstand en tijdsduur, maar u kunt ook vooraf een vast bedrag afspreken.
Toeslagen voor bagage, nachtritten en voor ritten naar het vliegveld zijn
gebruikelijk.

libre vrij **ocupado** bezet	**parada de taxis** taxistandplaats

Taxi!	• ¡Taxi! *taksie!*
Kunt u een taxi voor me bellen?	• ¿Me podría llamar un taxi? *mə podriea ljamar oen taksie?*
Waar kan ik hier in de buurt een taxi nemen?	• ¿Dónde se puede coger un taxi por aquí? *dondə sə poe-edə kocher oen taksie por aakie?*
Brengt u me naar –a.u.b.	• A –, por favor *aa –, por fabor*
– dit adres	• A esta dirección, por favor *aa esta dierekSieon, por fabor*
– hotel …	• Al hotel …, por favor *al ootel …, por fabor*
– het centrum	• Al centro, por favor *al Sentro, por fabor*
– het station	• A la estación, por favor *aa la estaSieon, por fabor*
– het vliegveld	• Al aeropuerto, por favor *al aaeropoe-erto, por fabor*

Hoeveel kost een rit naar ...?	• ¿Cuánto sale hasta ...? *koeanto salə asta ...?*
Hoever is het naar ...?	• ¿Cuánto es hasta ...? *koeanto es asta ...?*
Wilt u de meter aan-zetten a.u.b.?	• ¿Podría poner en marcha el taxímetro? *podriea poner en martsja el taksiemetro?*
Ik heb haast	• Llevo prisa *ljebo priesa*
Kunt u iets harder/langzamer rijden?	• ¿Podría ir más rápido/más despacio? *podriea ier mas rapiedo/mas despaSieo?*
Kunt u een andere weg nemen?	• ¿Podría ir por otro camino? *podriea ier por ootro kamieno?*
Laat u me er hier maar uit	• Déjeme aquí *dechemə aakie*
U moet hier –	• Siga – *sieǧa –*
– rechtdoor	• Siga todo recto *sieǧa todo rekto*
– linksaf	• Tuerza a la izquierda *toe-erSa aa la ieSkjerda*
– rechtsaf	• Tuerza a la derecha *toe-erSa aa la deretsja*
Hier is het	• Es aquí *es aakie*
Kunt u een ogenblikje op mij wachten?	• Espéreme un momentito *espəremə oen momentieto*

Hotelaccommodatie: *hotels* zijn er in vijf categorieën, aangeduid met sterren.

Hotel-residencia (HR) kent dezelfde sterclassificaties als de hotels. Er is meestal geen restaurant, wel een ontbijtzaal.

Hostal (H) is eenvoudiger, tot drie sterren. Over het algemeen alleen logies (met ontbijt), soms is er ook een eetzaal.

Pensión (P) is een eenvoudig pension met weinig comfort.

Motel (M).

Parador de turismo is een door de staat beheerde hotelketen, met het comfort en de service van een modern luxueus hotel. Het is meestal gevestigd in een historisch gebouw (kasteel, klooster) in een prachtige omgeving.

Appartementen: vooral langs de kust is een groot aanbod van appartementen, zowel mét hotelfaciliteiten (HA = Hotel Apartamento of Apartotel) als zonder (RA = Residencia Apartamentos). Categorieën worden aangeduid met sleutels (1 t/m 4).

Jeugdherbergen zijn er niet zo veel in Spanje. Meestal is het aantal nachten dat je mag blijven beperkt.

Campings zijn vooral langs de kust talrijk en de meeste zijn het hele jaar door open. In het binnenland zijn er beduidend minder. Er zijn diverse categorieën. Vrij kamperen is toegestaan, behalve in de buurt van campings, stranden, rivieren en steden.

¿Cuánto tiempo piensa quedarse?	Hoe lang wilt u blijven?
Rellene este formulario, por favor	Wilt u dit formulier invullen a.u.b.?
¿Me permite su pasaporte?	Mag ik uw paspoort?
Tiene que pagar una fianza	U moet een borgsom betalen
Tiene que pagar por adelantado	U moet vooruit betalen

Mijn naam is ... Ik heb een plaats gereserveerd (telefonisch/schriftelijk)	• Me llamo ... He reservado una plaza (por teléfono/por carta) *mə ljamo ... ee reserbado oena plaSa (por telefono/por karta)*
Wat kost het per nacht/week/maand?	• ¿Cuánto sale por noche/semana/mes? *koeanto salə por notsjə/səmana/mes?*
We blijven minstens ... nachten/weken	• Pensamos quedarnos al menos ... noches/semanas *pensamos kedarnos al menos ... notsjəs/səmanas*
We weten het nog niet precies	• Todavía no lo sabemos exactamente *todabiea no lo sabemos eksaktamentə*
Zijn huisdieren (honden/katten) toegestaan?	• ¿Están permitidos los animales domésticos (perros/gatos)? *estan permietiedos los aaniemales domestiekos (perros/gatos?*
Hoe laat gaat het hek/de deur open/dicht?	• ¿A qué hora cierran/abren la verja/la puerta de entrada? *aa ke oora Sie-erran/aabren la bercha/la poe-erta də entrada?*
Wilt u een taxi voor me bellen?	• ¿Podría llamar un taxi? *podriea ljamar oen taksie?*
Is er post voor mij?	• ¿Hay carta para mí? *aj karta para mie?*

7.2   Kamperen

Puede elegir el sitio usted mismo	U mag zelf uw plaats uitzoeken
El sitio se lo asignamos nosotros	U krijgt een plaats toegewezen
Este es el número de su emplazamiento	Dit is uw plaatsnummer
Por favor pegue esto en el parabrisas del coche	Wilt u dit op uw auto plakken?
No pierda esta tarjeta	U mag dit kaartje niet verliezen

Waar is de beheerder?	• ¿Dónde está el encargado? *dondə esta el enkarchado?*

Kampeeruitrusting (de genummerde onderdelen zijn afgebeeld)

bagagepunt	el compartimento de equipajes	*el kompartiménto de ekipagches*
blikopener	el abrelatas	*el abrelátas*
butagasfles	la bombona (de gas butano)	*la bombóna (de gas bootgáno)*
1 fietsas	la ciclobolsa	*la Siklobólsa*
2 gasstel	el hornillo de gas	*el ornígo do gás*
3 grondzeil	la lona del suelo	*la lóna del soeélo*
hamer	el martillo	*el martígo*
hangmat	la hamaca	*la-amáka*
4 jerrycan	el bidón	*el bidón*
kampvuur	la fogata	*la fogáta*
5 klapstoel	la silla plegable	*la sígia plégable*
6 koelbox	la nevera portátil/ bolsa nevera	*la nevéra portagtíl/la bólsa nevéra*
koelelement	el acumulador	*el akoemoeladór*
kompas	el compás	*el kompás*
kousje	la camisa	*la kamésa*
kurkentrekker	el sacacorchos	*el sakakórsjos*
7 luchtbed	el colchón neumático	*el kolsjón ne-oemágtieko*
8 luchtbedstopje	el taponcito de la válvula del colchón	*el taponSígo de la bálboela del kolsjón*
luchtpomp	la bomba neumática	*la bómba ne-oemagtieka*

9 luifel	el tejadillo	*el techadígo*
10 matje	la esterilla	*la estorégia*
11 pan	la olla	*la ógia*
12 pannengreep	el mango de la olla	*el mangúo de la ógia*
primus	el hornillo de keroseno	*el ornígo de kerosén*
rits	la cremallera	*la kremagera*
13 rugzak	la mochila	*la motsjéla*
14 scheerlijn	el viento	*el bjénto*
slaapzak	el saco de dormir	*el sáko de dormír*
15 stormlamp	el farol de tormentas	*el faról de torméntas*
stretcher	el catre (de tijera)	*el kátro (de tiechera)*
tafel	la mesa	*la mésa*
16 tent	la tienda	*la tiénda*
17 tentharing	la estaca	*la estáka*
18 tentstok	el palo de tienda	*el pálo de tienda*
19 veldfles	el termo	*el térmo*
thermosfles	la cantimplora	*la kantemplóra*
wasknijper	la pinza	*la piensa*
waslijn	la cuerda de tender ropa	*la koeérda de tender ropa*
windscherm	el paravientos/el paravién	*el parabjentos/el parabján*
20 zaklantaarn	la linterna de bolsillo	*la lienterna de bolsíjo*
zakmes	la navaja	*la nabájha*

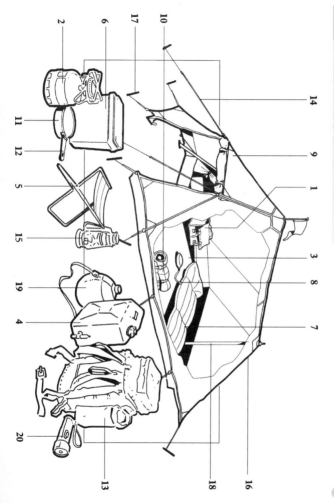

Mogen we hier kampe-ren?	• ¿Podemos acampar aquí? *podemos aakampar aakie?*
We zijn met … perso-nen en … tenten	• Somos … personas y … tiendas *somos … personas ie … tie-endas*
Mogen we zelf een plaats uitzoeken?	• ¿Podemos elegir el sitio nosotros mismos? *podemos eelechier el sietieo nosotros miesmos?*
Heeft u een rustig plekje voor ons?	• ¿Nos podría dar un sitio tranquilo? *nos podriea dar oen sietieo trankielo?*
Heeft u geen andere plaats vrij?	• ¿No tiene otro sitio libre? *no tie-enə otro sietieo liebrə*
Er is hier te veel wind/ zon/schaduw	• Hay mucho viento/mucho sol/mucha sombra *aj moetsjo bjento/moetsjo sol/moetsja sombra*
Het is hier te druk	• Hay mucha gente *aj moetsja chentə*
De grond is te hard/ ongelijk	• El suelo es muy duro/muy desigual *el soe-elo es moej doero/moej desiegoeal*
Heeft u een horizontale plek voor de camper/ caravan/vouwwagen?	• ¿Tiene un sitio plano para el autocaravana/la caravana/el remolque-tienda? *tie-enə oen sietieo plano para el autokarabana/la karabana/el remolkə-tie-enda?*
Kunnen we bij elkaar staan?	• ¿Tiene dos plazas juntas? *tie-ene dos plaSas choentas?*
Mag de auto bij de tent geparkeerd worden?	• ¿Podemos aparcar el coche junto a la tienda? *podemos aaparkar el kotsjə choento aa la tie-enda?*
Wat kost het per per-soon/tent/caravan/ auto?	• ¿Cuánto sale por persona/tienda/caravana/coche? *koeanto salə por persona/tie-enda/karabana/kotsjə?*
Zijn er –?	• ¿Hay –? *aj –?*
– douches met warm water	• ¿Hay duchas con agua caliente? *aj doetsjas kon aagoea kaljentə?*
– wasmachines	• ¿Hay lavadoras? *aj labadoras?*

Is er op het terrein een –?	• ¿En este camping hay –? *en estə kampieng aj –?*
– kinderspeelterrein	• ¿En este camping hay un sitio para que jueguen los niños? *en estə kampieng aj oen sietieo para ke choe-egen los nienjos?*
– overdekte kook-gelegenheid	• ¿En este camping hay un sitio cubierto para cocinar? *en estə kampieng aj oen sietieo koebjerto para koSienar?*
Kan ik hier een kluis huren?	• ¿Tienen caja fuerte para alquilar? *tie-enen kacha foe-ertə para alkielar?*
Mogen we hier barbe-cueën?	• ¿Se pueden hacer barbacoas? *sə poe-eden aaSer barbakoas?*
Zijn er elektriciteits-aansluitingen?	• ¿Hay tomas de corriente eléctrica? *aj tomas də korrjentə elektrieka?*
Is er drinkwater?	• ¿Hay agua potable? *aj aagoea potablə?*
Wanneer wordt het afval opgehaald?	• ¿Cuándo pasan a recoger la basura? *koeando pasan aa rekocher la basoera?*
Verkoopt u gasflessen (butagas/propaan-gas)?	• ¿Venden bombonas de gas (butano/propano)? *benden bombonas də gas (boetano/propano)?*

7.3 Hotel/pension/appartement/huisje

Heeft u een eenper-soons/tweepersoons kamer vrij?	• ¿Le queda alguna habitación individual/doble? *lə keda algoena aabietaSieon iendiebiedoeal/doblə?*
per persoon/per kamer	• por persona/por habitación *por persona/por aabietaSieon*
Is dat inclusief ontbijt/lunch/diner?	• ¿Incluye desayuno/comida/cena? *ienkloejə desajoeno/komieda/Sena?*
Kunnen wij twee ka-mers naast elkaar krijgen?	• ¿Nos puede dar dos habitaciones una al lado de la otra? *nos poe-edə dar dos aabietaSieones oena al lado də la ootra?*

met/zonder eigen toilet/ bad/douche	• con/sin lavabo propio/baño propio/ ducha propia *kon/sien lababo propjo/banjo propjo/doetsja propja*
(niet) aan de straatkant	• que (no) dé a la calle *ke (no) de aa la kajə*
met/zonder uitzicht op zee	• con/sin vista al mar *kon/sien biesta al mar*

Is er in het hotel –?	• ¿El hotel tiene –? *el ootel tie-enə –?*
– een lift	• ¿El hotel tiene ascensor? *el ootel tie-enə asSensor?*
– roomservice	• ¿El hotel tiene servicio de habitación? *el ootel tie-enə serbieSieo də aabietaSieon?*

Tiene lavabo y ducha en el mismo piso/en su habitación	Toilet en douche zijn op dezelfde verdieping/uw kamer
Por aquí, por favor	Deze kant op
Su habitación está en el ... piso, es la número ...	Uw kamer is op de ... etage, het nummer is ...

Mag ik de kamer zien?	• ¿Puedo ver la habitación? *poe-edo ber la aabietaSieon?*
Ik neem deze kamer	• Me quedo con esta habitación *mə kedo kon esta aabietaSieon*
Deze bevalt ons niet	• Esta no nos gusta *esta no nos ĝoesta*
Heeft u een grotere/ goedkopere kamer?	• ¿Tiene una habitación más grande/más barata? *tie-enə oena aabietaSieon mas grandə/mas barata?*
Kunt u een kinderbedje bijplaatsen?	• ¿Puede agregar una camita para un niño? *poe-edə aaĝreĝar oena kamieta para oen nienjo?*
Hoe laat is het ontbijt?	• ¿A qué hora es el desayuno? *aa ke oora es el desajoeno?*
Waar is de eetzaal?	• ¿Dónde está el comedor? *dondə esta el komedor?*

Kan ik het ontbijt op de kamer krijgen?	• ¿Me pueden traer el desayuno a la habitación?
	mə poe-eden traaer el desajoeno aa la aabietaSieon?
Waar is de nooduit- gang/brandtrap?	• ¿Dónde está la salida de emergencia/la escalera de incendios?
	dondə esta də eemerchenSiea/la eskalera də ienSendieos?
Waar kan ik mijn auto (veilig) parkeren?	• ¿Dónde hay un sitio (seguro) para aparcar el coche?
	dondə aj oen sietieo (segoero) para aaparkar el kotsjə?
De sleutel van kamer ... a.u.b.	• La llave de la habitación ..., por favor
	la ljabə də la aabietaSieon ..., por fabor
Mag ik dit in uw kluis leggen?	• ¿Podría dejar esto en la caja fuerte?
	podriea dechar esto en la kacha foe-ertə?
Wilt u mij morgen om ... uur wekken?	• ¿Me podría despertar mañana a las ...?
	mə podriea despertar manjana aa las ...?
Kunt u mij aan een babyoppas helpen?	• ¿Me podría conseguir una canguro para el bebé?
	mə podriea konsegier oena kangoero para el bebe?
Mag ik een extra de- ken?	• ¿Tendría una manta extra?
	tendriea oena manta ekstra?
Op welke dagen wordt er schoongemaakt?	• ¿Qué días limpian la habitación?
	ke dieas liempjan la aabietaSieon?
Wanneer worden de lakens/handdoeken/ theedoeken ver- schoond?	• ¿Cuándo cambian las sábanas/las toallas/ los paños de cocina?
	koeando kambjan las sabanas/las tooajas/ los panjos də koSiena?

7.4 Klachten

Wij kunnen niet slapen door het lawaai	• No podemos dormir por el ruido
	no podemos dormier por el roe-iedo
Kan de radio iets zachter?	• ¿Podría bajar el volumen de la radio?
	podriea bachar el boloemen də la radieo?
Het toiletpapier is op	• Se ha acabado el papel higiénico
	sə aa aakabado el papel iechjenieko
Er zijn geen/niet ge- noeg ...	• No hay/no hay suficientes ...
	no aj/no aj soefieSie-entes ...

Het beddengoed is vuil	• La ropa de cama está sucia *la ropa də kama esta soeSiea*
De kamer is niet schoongemaakt	• No han limpiado la habitación *no an liempjado la aabietaSieon*
De keuken is niet schoon	• La cocina no está limpia *la koSiena no esta liempja*
De keukenspullen zijn vies	• Los utensilios de cocina están sucios *los oetensiejos də koSiena estan soeSieos*
De verwarming doet het niet	• La calefacción no funciona *la kalefakSieon no foenSiena*
Er is geen (warm) water/elektriciteit	• No hay agua (caliente)/electricidad *no aj aagoea (kaljentə)/eelektrieSieda*
… is kapot	• … está estropeado *… esta estropeeado*
Kunt u dat in orde laten brengen?	• ¿Podrían mandar arreglarlo? *podriean mandar arreglarlo?*
Mag ik een andere kamer/plaats voor de tent?	• ¿Tendría otra habitación/sitio para la tienda? *tendriea ootra aabietaSieon/sietieo para la tie-enda?*
Het bed kraakt ontzettend	• La cama hace mucho ruido *la kama aaSə moetsjo roe-iedo*
Het bed zakt te veel door	• La cama es demasiado blanda *la kama es demasieado blanda*
Heeft u een plank voor onder de matras?	• ¿Tendría una tabla para poner debajo del colchón? *tendriea oena tabla para poner debacho del koltsjon?*
Er is te veel lawaai	• Hay mucho ruido *aj moetsjo roe-iedo*
We hebben last van ongedierte/insecten	• Hay muchos bichos/insectos *aj moetsjos bietsjos/iensektos*
Het stikt hier van de muggen	• Está lleno de mosquitos *esta ljeno də moskietos*
– kakkerlakken	• Está lleno de cucarachas *esta ljeno də koekaratsjas*
– Nederlanders	• Está lleno de holandeses *esta ljeno də olandeses*

Zie ook 8.2 *Afrekenen.*

Ik vertrek morgen. Kan ik nu afrekenen?
- Mañana me voy. ¿Podría pagar la cuenta ahora?
  manjana mə boj. podriea pagar la koe-enta aaora?

Hoe laat moeten wij van ... af?
- ¿A qué hora tenemos que dejar ...?
  aa ke oora tenemos ke dechar ...?

Mag ik mijn borgsom/ paspoort terug?
- ¿Me devuelve la fianza/el pasaporte?
  mə deboe-elbe la fjanSa/el pasaportə?

We hebben erge haast
- Llevamos mucha prisa
  ljebamos moetsja priesa

Kunt u mijn post doorsturen naar dit adres?
- ¿Podría enviarme la correspondencia a esta dirección?
  podriea enbjarmə la korrespondenSiea aa esta dierekSieon?

Mogen onze koffers hier blijven staan totdat we vertrekken?
- ¿Podríamos dejar las maletas aquí hasta que nos marchemos?
  podrieamos dechar las maletas aakie asta ke nos martsjemos?

Bedankt voor uw gastvrijheid
- Muchas gracias por la hospitalidad
  moetsjas graSieas por la ospietalieda

8 Geldzaken

Banken zijn in de regel voor het publiek geopend van 9.00 – 14.00 uur, sommige op zaterdag tot 12.30 uur. Bij het wisselen van geld wordt meestal om een legitimatiebewijs gevraagd. Het opschrift *cambio* geeft aan dat u geld kunt wisselen. U kunt ook wisselen bij grote hotels, tegen een ongunstiger koers.

8.1 Bank

Waar is hier ergens een bank/een wisselkantoor?	• ¿Dónde hay un banco/una oficina de cambios por aquí? *dondə aj oen banko/oena oofieSiena də kambjos por aakie?*
Waar kan ik deze traveller cheque/girobetaalkaart inwisselen?	• ¿Dónde puedo cambiar este traveller-check/este cheque postal? *dondə poe-edo kambjar estə trabeler-tsjek/estə tsjekə postal?*
Kan ik hier deze ... inwisselen?	• ¿Puedo cambiar aquí este ...? *poe-edo kambjar aakie estə ...?*
Kan ik hier met een creditcard geld opnemen?	• ¿Se puede sacar dinero con una tarjeta de crédito? *sə poe-edə sakar dienero kon oena tarcheta də kredieto?*
Wat is het minimum/maximum?	• ¿Cuál es el mínimo/el máximo? *koeal es el mieniemo/el maksiemo?*
Mag ik ook minder opnemen?	• ¿También puedo sacar menos? *tambjen poe-edo sakar menos?*
Ik heb telegrafisch geld laten overmaken. Is dat al binnen?	• He pedido un giro telegráfico. ¿Me ha llegado ya? *ee pediedo oen chiero telegrafieko. me aa ljegado ja?*
Dit zijn de gegevens van mijn bank in Nederland/België	• Estos son los datos de mi banco en Holanda/en Bélgica *estos son los datos də mie banko en oolanda/en belchieka*
Dit is mijn banknummer/gironummer	• Este es mi número de cuenta bancaria/de la caja postal *estə es mie noemero də koe-enta bankariea/də la kacha postal*

Ik wil graag geld wisselen	• Quisiera cambiar dinero *kiesie-era kambjar dienero*
euro's tegen dollars	• euros por dollares *uiroos por dolares*
Hoeveel is de wisselkoers?	• ¿A cuánto está el cambio? *aa koeanto esta el kambjo?*
Kunt u me ook wat kleingeld geven?	• ¿Me podría dar dinero suelto? *mə podriea dar dienero soe-elto?*
Dit klopt niet	• Esto está mal *esto esta mal*

Firme aquí	U moet hier tekenen
Tiene que rellenar esto	U moet dit invullen
¿Me permite su pasaporte?	Mag ik uw paspoort zien?
¿Me permite su carnet de identidad?	Mag ik uw identiteitsbewijs zien?
¿Me permite su tarjeta de la caja postal?	Mag ik uw giropasje zien?
¿Me permite su tarjeta del banco?	Mag ik uw bankpasje zien?

8.2 Afrekenen

Kunt u het op mijn rekening zetten?	• ¿Podría cargarlo a mi cuenta? *podriea karĝarlo aa mie koe-enta?*
Is de bediening (bij dit bedrag) inbegrepen?	• ¿Está incluido el servicio? *esta ienkloe-iedo el serbieSieo?*
Kan ik met – betalen?	• ¿Puedo pagar con –? *poe-edo paĝar kon –?*
– een creditcard	• ¿Puedo pagar con tarjeta de crédito? *poe-edo paĝar kon tarcheta də kredieto?*
– een reischeque	• ¿Puedo pagar con un cheque de viaje? *poe-edo paĝar kon oen tsjekə də bjachə?*
– vreemde valuta	• ¿Puedo pagar con moneda extranjera? *poe-edo paĝar kon monedα ekstranchera?*

U heeft me te veel/ weinig (terug)gegeven	• Me ha dado (Me ha devuelto) de más/de menos *mə aa dado (mə aa deboe-elto) də mas/də menos*
Wilt u dit nog eens narekenen?	• ¿Puede volver a hacer la cuenta? *poe-edə bolber aa aaSer la koe-enta?*
Kunt u me een kwitantie/de kassabon geven?	• ¿Podría darme un recibo/el tíquet? *podriea darmə oen reSiebo/el tieket?*
Ik heb niet genoeg geld bij me	• No me alcanza el dinero *no mə alkanSa el dienero*

No aceptamos tarjetas de crédito/cheques de viaje/ moneda extranjera	We nemen geen creditcards/ reischeques/vreemde valuta aan

Alstublieft, dit is voor u	• Tenga, esto es para usted *tenĝa, esto es para oestе*
Houdt u het wisselgeld maar	• Quédese con la vuelta *kedəsə kon la boe-elta*

9 PTT

9.1 Post

Zie voor girozaken 8 *Geldzaken*.

In de grote steden zijn de postkantoren de hele dag open, maar voor het inwisselen van girobetaalkaarten kunt u terecht bij de *Caja postal*, geopend ma.-vr. 9.00-14.00 uur. Behalve in de zomermaanden zijn de grote postkantoren ook op zaterdagmorgen open.
Sellos (postzegels) zijn ook verkrijgbaar in de *estanco* (tabakswinkel). Aan de kust zijn in het hoogseizoen vaak hulppostkantoren op het strand.
De gele *buzón* (brievenbus) op straat is bestemd voor gewone post; de rode brievenbussen zijn voor expresspost.

giros postales	**sellos**
postwissels	postzegels
paquetes	**telegramas**
pakjes	telegrammen

Waar is –?	• ¿Dónde está –? *dondə estạ –?*
– hier ergens een postkantoor	• ¿Dónde hay una oficina de Correos por aquí? *dondə aj oena oofieSiena də korreeos por aakie?*
– het hoofdpostkantoor	• ¿Dónde está la oficina central de Correos? *dondə estạ la oofieSiena Sentrạl də korreeos?*
– hier ergens een brievenbus	• ¿Dónde hay un buzón por aquí? *dondə aj oen boeSọn por aakie?*
Welk loket moet ik hebben voor –?	• ¿Cuál es la ventanilla para –? *koeạl es la bentanieja pạra –?*

– faxen
- ¿Cuál es la ventanilla para enviar un fax?
  koeal es la bentanieja para enbjar oen faks?

– geld wisselen
- ¿Cuál es la ventanilla para cambiar dinero?
  koeal es la bentanieja para kambjar dienero?

– girocheques
- ¿Cuál es la ventanilla para los cheques postales?
  koeal es la bentanieja para los tsjekes postales?

– telegrafische giro-overmaking
- ¿Cuál es la ventanilla para los giros telegráficos?
  koeal es la bentanieja para los chieros teleğrafiekos?

Poste restante
- Lista de correos
  liesta də korreeos

Is er post voor mij? Mijn naam is …
- ¿Hay carta para mí? Me llamo …
  aj karta para mie? mə ljamo …

Postzegels

Hoeveel moet er op een … naar …?
- ¿Cuánto se le pone a un(a) … para …?
  koeanto sə lə ponə aa oen(a) … para …?

Zit er genoeg aan postzegels op?
- ¿Lleva suficiente franqueo?
  ljeba soefieSie-entə frankeeo?

Ik wil graag … postze-gels van …
- Déme … sellos de …
  demə … sejos də …

Ik wil dit – versturen
- Quisiera enviar esto –
  kiesie-era enbjar esto –

– per expresse
- Quisiera enviar esto por correo urgente
  kiesie-era enbjar esto por korreeo oerchentə

– per luchtpost
- Quisiera enviar esto por avión
  kiesie-era enbjar esto por aabjon

– aangetekend
- Quisiera enviar esto certificado
  kiesie-era enbjar esto Sertiefiekado

Ik wil graag een tele-gram versturen naar ...	• Quisiera mandar un telegrama a ... *kiesie-era mandar oen teleĝrama aa ...*
Hoeveel kost het per woord?	• ¿Cuánto cuesta por palabra? *koeanto koe-esta por palabra*
Dit is de tekst die ik wil versturen	• Este es el texto que quiero enviar *esta es el teksto ke kjero enbjar*
Zal ik het formulier zelf invullen?	• ¿Relleno yo mismo el formulario? *rejeno jo miesmo el formoelarieo?*
Kan ik hier fotokopië-ren/faxen?	• ¿Se pueden hacer fotocopias/se puede enviar un fax aquí? *sə poe-edən aaSer fotokopjas/sə poe-edə enbjar oen faks aakie?*
Hoeveel kost het per pagina?	• ¿Cuánto cuesta por página? *koeanto koe-esta por pachiena?*

9.2   Telefoon

Zie ook 1.8 *Telefoonalfabet*.

Vanuit alle telefooncellen kunt u rechtstreeks naar Nederland of België bellen (oo – landennummer 31 of 32 – kengetal zonder nul – abonnee-nummer) met munten van 5, 10, 25, 50 en 100 peseta's. Ook kaarttele-fooncellen zijn in opkomst. U kunt ook bellen via een *locutorio* (telefoon-kantoor), waar u eerst belt en daarna afrekent.
Een gesprek *a cobro revertido* (op kosten van de ontvanger) moet via de telefoniste. U draait: 900990031 en aan de Nederlandse telefoniste geeft u het gewenste nummer op. Belt u naar iemand in Spanje, dan zal er in de regel niet worden opgenomen met het noemen van een naam, maar met een simpel *¿sí?* (ja?) of *¡dígame!* (zegt u het maar).

Is hier ergens een telefooncel in de buurt?	• ¿Hay alguna cabina telefónica por aquí? *aj alĝoena kabiena telefonieka por aakie?*
Mag ik van uw telefoon gebruik maken?	• ¿Podría usar su teléfono? *podriea oesar soe telefono?*

Heeft u een telefoon-gids van de stad .../de streek ...?	• ¿Tiene una guía de teléfonos de la ciudad/la provincia de ...? *tie-ene oena ĝiea de telefonos de la Sie-oeda/la probienSiea de ...?*
Kunt u me helpen aan het –?	• ¿Me podría dar –? *me podriea dar ...?*
– nummer van in-formatie buitenland	• ¿Me podría dar el número de información internacional? *me podriea dar el noemero de ienformaSieon ienternaSieonal?*
– nummer van kamer ...	• ¿Me podría dar el número de la habitación ...? *me podriea dar el noemero de la aabietaSieon ...?*
– internationale num-mer	• ¿Me podría dar el indicativo internacional? *me podriea dar el iendiekatiebo ienternaSieonal?*
– landnummer van ...	• ¿Me podría dar el indicativo de ...? *me podriea dar el iendiekatiebo de ...?*
– kengetal van ...	• ¿Me podría dar el prefijo de ...? *me podriea dar el prefiecho de ...?*
– abonneenummer van ...	• ¿Me podría dar el número de abonado de ...? *me podriea dar el noemero de aabonado de ...?*
Kunt u nagaan of dit nummer correct is?	• ¿Podría controlar si está bien este número? *podriea kontrolar sie esta bjen este noemero?*
Kan ik automatisch bellen naar het bui-tenland?	• ¿Se puede llamar directamente al extranjero? *se poe-ede ljamar dierektamente al ekstranchero?*
Moet ik via de telefo-niste bellen?	• ¿Hay que llamar por operadora? *aj ke ljamar por ooperadora?*
Moet ik eerst een nul draaien?	• ¿Hay que marcar primero el cero? *aj ke markar priemero el Sero?*
Moet ik een gesprek aanvragen?	• ¿Hay que pedir línea? *aj ke pedier lieneea?*

Wilt u het volgende nummer voor me bellen?	• ¿Podría usted llamar a este número? *podriea oestə ljamar aa estə noemero?*
Kunt u me doorverbinden met .../toestel ...?	• ¿Me podría poner con .../con la extensión ...? *mə podriea poner kon .../kon la ekstensieon ...?*
Ik wil graag een collect call met ...	• Quisiera una llamada de cobro revertido a ... *kiesie-era oena ljamada də kobro rebertiedo aa ...?*
Wat kost het per minuut?	• ¿Cuánto cuesta por minuto? *koeanto koe-esta por minoeto?*
Heeft er iemand voor mij gebeld?	• ¿Ha habido alguna llamada para mí? *aa aabiedo algoena ljamada para mie?*

Het gesprek

Hallo, u spreekt met ...	• Buenos días, soy ... *boe-enos dieas, soj ...*
Met wie spreek ik?	• ¿Con quién hablo? *kon kjen aablo?*
Spreek ik met ...?	• ¿Hablo con ...? *aablo kon ...?*
Sorry, ik heb het verkeerde nummer gedraaid	• Perdone, me he equivocado de número *perdonə, mə ee eekiebokado də noemero*
Ik kan u niet verstaan	• No le oigo bien *no lə ojĝo bjen*
Ik wil graag spreken met ...	• Quisiera hablar con ... *kiesie-era aablar kon ...*
Is er iemand die Nederlands/Engels spreekt?	• ¿Hay alguien que hable holandés/inglés? *aj alĝjen ke aablə oolandes/ienĝles?*
Mag ik toestel ... van u?	• ¿Me pone con la extensión ...? *mə ponə kon la ekstensieon ...?*
Wilt u vragen of hij/zij me terugbelt?	• ¿Podría decirle que me llame? *podriea deSierlə ke mə ljamə?*
Mijn naam is ... Mijn nummer is ...	• Me llamo ... Mi número es ... *mə ljamo ... mie noemero es ...*
Wilt u zeggen dat ik gebeld heb?	• ¿Puede decirle que he llamado? *poe-edə deSierlə ke ee ljamado?*

PTT

Ik bel hem/haar mor-
gen terug

• Le/la volveré a llamar mañana
  lə/la bolbere aa ljamar manjana

Le llaman por teléfono	Er is telefoon voor u
Primero tiene que marcar el cero	U moet eerst een nul draaien
Un momento, por favor	Heeft u een momentje?
No contestan	Ik krijg geen gehoor
Está comunicando	Het toestel is bezet
¿Quiere esperar?	Wilt u wachten?
Ahora le paso	Ik verbind u door
Se ha equivocado de número	U heeft een verkeerd nummer
El señor/la señora ... no está en estos momentos	Hij/zij is op het ogenblik niet aanwezig
El señor/la señora ... no estará hasta ...	Hij/zij is ... weer te bereiken
Este es el contestador automático de ...	Dit is het automatisch antwoordapparaat van ...

Openingstijden: maandag t/m vrijdag ± 9.00-14.00 en ± 16.30-20.00 uur, zaterdag meestal na 13.00 uur gesloten. Sommige winkels, vooral bakkers, zijn ook op zondagmorgen open.

almacén
warenhuis
antigüedades
antiek
artículos de deporte
sportzaak
artículos del hogar
huishoudelijke artikelen
artículos dietéticos
reformwinkel
artículos fotográficos
fotohandel
artículos usados
tweedehandswinkel
autoservicio
zelfbedieningszaak
bicicletas
fietsenwinkel
bodega
slijter
bricolaje
doe-het-zelfzaak
calzados
schoenenwinkel
carnicería
slager
casa de música
muziekhandel
centro comercial
winkelcentrum
comestibles
kruidenier
comestibles finos
delicatessenzaak

confitería
kruidenier
decoración (de interiores)
woninginrichting
droguería
drogist
electrodomésticos
elektrische apparaten
estanco
sigarenwinkel
farmacia
apotheek
ferretería
ijzerhandel
floristería
bloemenzaak
frutas y verduras
groente en fruit
galería comercial
winkelgalerij
heladería
ijssalon
joyería
juwelier
juguetería
speelgoedzaak
lavandería
wasserij
lechería
zuivelprodukten
librería
boekhandel
mercadillo
rommelmarkt

mercado markt	**recuerdos de viaje** souvenirwinkel
mercería fourniturenzaak	**regalos** cadeau-artikelen
óptica opticien	**reparación de bicicletas** fietsenmaker
panadería bakker	**revistas y prensa** kranten en tijdschriften
papelería kantoorboekhandel	**salón de belleza** schoonheidssalon
pastelería banketbakker	**supermercado** supermarkt
peluquería (señoras, caballe- **ros)** kapper (dames, heren)	**tienda** winkel
perfumería parfumerie	**tienda de modas** kledingzaak
pescadería vishandel	**tintorería** stomerij
quiosco kiosk	**zapatería** schoenenwinkel, schoenmaker

10.1   Winkelgesprekken

In welke winkel kan ik … krijgen?	• ¿Dónde puedo conseguir …? *dondə poe- edo konseǧier …?*
Wanneer is deze winkel open?	• ¿De qué hora a qué hora abren? *də ke oora aa ke oora aabren?*
Kunt u me de … af- deling wijzen?	• ¿Me podría indicar la sección de …? *mə podriea iendiekar la sekSieon də …?*
Kunt u me helpen? Ik zoek …	• ¿Podría ayudarme? Busco … *podriea aajoedarmə? boesko …*
Verkoopt u Neder- landse/Belgische kranten?	• ¿Venden periódicos holandeses/ belgas? *benden perieodiekos oolandeses/belǧas?*

¿Le atienden?	Wordt u al geholpen?

Nee. Ik had graag ...	• No. Quisiera ...
	no. kiesie-era ...
Ik kijk wat rond, als dat mag	• Sólo estoy mirando, gracias
	solo estoj mierando, graSieas

¿Algo más?	Anders nog iets?

Ja, geeft u me ook nog ...	• Sí, también déme ...
	sie, tambjen demə ...
Nee, dank u. Dat was het	• No, gracias. Es todo
	no, graSieas. es todo
Kunt u me ... laten zien?	• ¿Me podría mostrar ...?
	mə podriea mostrar ...?
Ik wil liever ...	• Prefiero ...
	prefjero ...
Dit is niet wat ik zoek	• No es lo que busco
	no es lo ke boesko
Dank u. Ik kijk nog even ergens anders	• Gracias. Voy a seguir mirando
	graSieas. boj aa seğier mierando
Heeft u niet iets dat – is?	• ¿No tendría algo más –?
	no tendriea algo mas –
– goedkoper	• ¿No tendría algo más barato?
	no tendriea algo mas barato?
– kleiner	• ¿No tendría algo más pequeño?
	no tendriea algo mas pekenjo?
– groter	• ¿No tendría algo más grande?
	no tendriea algo mas ğrandə?
Deze neem ik	• Me llevo éste/ésta
	mə ljebo estə/esta
Zit er een gebruiksaanwijzing bij?	• ¿Viene con instrucciones?
	bjenə kon ienstroekSieones?
Ik vind het te duur	• Me parece muy caro
	mə pareSə moej karo
Ik bied u ...	• Le doy ...
	lə doj ...
Wilt u die voor mij bewaren? Ik kom het straks ophalen	• ¿Me lo/la podría guardar? Volveré más tarde a buscarlo
	mə lo/la podriea ğardar? bolbere mas tardə aa boeskarlo

| Heeft u een tasje voor me? | • ¿Tendría una bolsita?
tendriea oena bolsieta? |
| Kunt u het inpakken in cadeaupapier? | • ¿Me lo podría envolver para regalo?
mə lo podriea enbolber para regalo? |

Lo siento, no lo tenemos	Het spijt me, dat hebben we niet
Lo siento, ya no queda	Het spijt me, dat is uitverkocht
Lo siento, hasta el ... no lo tendremos	Het spijt me, dat komt pas ... weer binnen
Pague en la caja, por favor	U kunt aan de kassa afrekenen
No aceptamos tarjetas de crédito	We nemen geen creditcards aan
No aceptamos cheques de viaje	We nemen geen reischeques aan
No aceptamos moneda extranjera	We nemen geen vreemde valuta aan

10.2 Levensmiddelen

Ik wil graag een ons ...	• Quisiera cien gramos de ... *kiesie-era Sie-en gramos də ...*
– pond ...	• Quisiera medio kilo de ... *kiesie-era medieo kielo də ...*
– kilo ...	• Quisiera un kilo de ... *kiesie-era oen kielo də ...*
Wilt u het voor me –?	• ¿Me lo podría –? *mə lo podriea –?*
– snijden in plakjes/ stukjes	• ¿Me lo podría cortar en lonchas/en trozos? *mə lo podriea kortar en lontsjas/en troSos?*
– raspen	• ¿Me lo podría rallar? *me lo podriea rajar?*
Kan ik het bestellen?	• ¿Se lo podría encargar? *sə lo podriea enkargar?*
Ik kom het morgen/om ... uur ophalen	• Pasaré a buscarlo mañana/a las ... *pasaré aa boeskarlo manjana/aa las ...*
Is dit om te eten/drinken?	• ¿Es para comer/beber? *es para komer/beber?*

Wat zit erin?	• ¿Qué lleva dentro? *ke ljeba dentro?*

10.3   Kleding en schoeisel

Ik heb in de etalage iets gezien. Zal ik het aanwijzen?	• He visto algo en el escaparate. ¿Se lo enseño? *ee biesto algo en el eskaparatə. sə lo ensenjo?*
Ik wil graag iets dat hierbij past	• Busco algo que haga juego con esto *boesko algo ke aaĝa choe-eĝo kon esto*
Heeft u schoenen in dezelfde kleur als dit?	• ¿Tiene zapatos de este color? *tie-enə Sapatos də estə kolor?*
Ik heb maat … in Nederland/België	• En Holanda/Bélgica tengo el número … *en oolanda/belchieka tengo el noemero …*
Mag ik dit passen?	• ¿Me lo podría probar? *me lo podriea probar?*
Waar is de paskamer?	• ¿Dónde está el probador? *dondə esta el probador?*
Het past me niet	• No me vale *no mə baalə*
Dit is de goede maat	• Éste es mi número *estə es mie noemero*
Het staat me niet	• No me está bien *no me estaa bjen*
Heeft u deze ook in het …	• ¿Tiene éste/ésta pero en …? *tie-enə estə/esta pero en …?*
Ik vind de hak te hoog/laag	• El tacón me parece muy alto/bajo *el takon mə pareSə moej alto/bacho*
Is/zijn dit/deze echt leer?	• ¿Es/son de piel auténtica? *es/son də pjel autentieka?*
Ik zoek een … voor een baby/kind van … jaar	• Busco un/una … para un bebé/niño de … años *boesko oen/oena … para oen bebe/nienjo də … anjos*
Ik had graag een … van –	• Quisiera un/una … de – *kiesie-era oen/oena … də –*
– zijde	• Quisiera un/una … de seda *kiesie-era oen/oena … də seda*
– katoen	• Quisiera un/una … de algodón *kiesie-era oen/oena … də alĝodon*

– wol	• Quisiera un/una … de lana
	kiesie-era oen/oena … de lana
– linnen	• Quisiera un/una … de lino
	kiesie-era oen/oena … de lieno

Op welke temperatuur kan ik het wassen?	• ¿A qué temperatura lo puedo lavar?
	aa ke temperatoera lo poe-edo labar?
Krimpt het in de was?	• ¿Encoge al lavarlo?
	enkoche al labarlo?

Colgar mojado	**Lavado en seco**
Nat ophangen	Chemisch reinigen
Lavado a mano	**No centrifugar**
Handwas	Niet centrifugeren
Lavado a máquina	**No planchar**
Machinewas	Niet strijken

Schoenreparaties

Kunt u deze schoenen repareren?	• ¿Podría arreglar estos zapatos?
	podriea arreglar estos Sapatos?
Kunt u hier nieuwe zolen/hakken onder zetten?	• ¿Podría ponerle nuevas suelas/nuevos tacones?
	podriea ponerle noe-ebas soe-elas/noe-ebos takones?
Wanneer zijn ze klaar?	• ¿Para cuándo van a estar?
	para koeando ban aa estar?
Ik wil graag –	• Quisiera –
	kiesie-era –
– een doosje schoen-smeer	• Quisiera una crema para zapatos
	kiesie-era oena krema para Sapatos
– een paar veters	• Quisiera un par de cordones
	kiesie-era oen par de kordones

10.4   Foto en film

Ik wil graag een film-rolletje voor dit toe-stel	• Quisiera un rollo para esta cámara *kiesie-era oen rojo para esta kamara*
– cassette	• Quisiera una película en cassette *kiesie-era oena peliekoela en kasset*
– 126-cassette	• Quisiera una película en cassette de 126 *kiesie-era oena peliekoela en kasset də Sie-ento beintiseis*
– diafilm	• Quisiera una película para diapositivas *kiesie-era oena peliekoela para diaposietiebas*
– filmcassette	• Quisiera una película para filmar *kiesie-era oena peliekoela para fielmar*
– videoband	• Quisiera una cinta de vídeo *kiesie-era oena Sienta də biedeeo*
kleur/zwart-wit	• color/blanco y negro *kolor/blanko ie negro*
super 8	• superocho *soeperotsjo*
12/24/36 opnamen	• doce/veinticuatro/treinta y seis fotos *doSe/beintiekoeatro/treinta ie seis fotos*
ISO getal	• valor ISO *balor aasa/dien*
daglichtfilm	• película para luz natural *peliekoela para loeS natoeral*
kunstlichtfilm	• película para luz artificial *peliekoela para loeS artiefieSieal*

Problemen

Wilt u de film in het toestel doen?	• ¿Me podría poner el rollo en la cámara? *Mə podriea poner el rojo en la kamara?*
Wilt u de film uit de camera halen?	• ¿Me podría sacar el rollo de la cámara? *me podriea sakar el rojo də la kamara?*
Moet ik de batterijen vervangen?	• ¿Tengo que cambiar las pilas? *tengo ke kambjar las pielas?*

Wilt u naar mijn camera kijken? Hij doet het niet meer	• ¿Me podría revisar la cámara? Ya no funciona *Mə podriea rebiesar la kamara? ja no foenSieona*
De ... is kapot	• Está estropeado el ... *esta estropeeado el ...*
De film zit vast	• Se ha atascado el rollo *sə aa aataskado el rojo*
De film is gebroken	• Se ha roto el rollo *sə aa roto el rojo*
De flitser doet het niet	• No funciona el flash *no foenSieona el flasj*

Ontwikkelen en afdrukken

Ik wil deze film laten ontwikkelen/afdrukken	• Quisiera mandar revelar/copiar este rollo *kiesie-era mandar rebelar/kopjar estə rojo*
Ik wil graag ... afdrukken van elk negatief	• Quisiera ... copias de cada negativo *kiesie-era ... kopjas də kada negatiebo*
glanzend/mat	• brillante/mate *briejantə/matə*
6 x 9 (zes bij negen)	• seis por nueve *seis por noe-ebə*
Ik wil deze foto's bijbestellen	• Quisiera encargar más copias de estas fotos *kiesie-era enkargar mas kopjas də estas fotos*
Ik wil deze foto laten vergroten	• Quisiera una ampliación de esta foto *kiesie-era oena amplieaSieon də esta foto*
Hoeveel kost het ontwikkelen?	• ¿Cuánto sale el revelado? *koeanto salə el rebelado?*
– het afdrukken	• ¿Cuánto sale el copiado? *koeanto salə el kopjado?*
– de bijbestelling	• ¿Cuánto salen las copias adicionales? *koeanto salen las kopjas aadieSieonales?*
– de vergroting	• ¿Cuánto sale la ampliación? *koeanto salə la amplieaSieon?*
Wanneer zijn ze klaar?	• ¿Para cuándo van a estar? *para koeando ban aa estar?*

10.5 Kapper

Moet ik een afspraak maken?	• ¿Tengo que pedir hora? *tengo ke pedier oora?*
Kunt u me direct helpen?	• ¿Podría atenderme en seguida? *podriea aatendermə en seĝiedə?*
Hoe lang moet ik wachten?	• ¿Cuánto tengo que esperar? *koeanto tengo ke esperar?*
Ik wil mijn haar laten wassen/knippen	• Quisiera lavarme/cortarme el pelo *kiesie-era labarmə/kortarmə el pelo*
Ik wil graag een shampoo tegen vet/droog haar	• Quisiera un champú para cabello graso/seco *kiesie-era oen tsjampoe para kabejo ĝraso/seko*
– tegen roos	• Quisiera un champú anticaspa *kiesie-era oen tsjampoe antiekaspa*
– voor gepermanent/geverfd haar	• Quisiera un champú para cabello con permanente/cabellos teñidos *kiesie-era oen tsjampoe para kabejo kon permanentə/kabejos tenjiedos*
– een kleurshampoo	• Quisiera un champú color *kiesie-era oen tsjampoe kolor*
– een shampoo met een conditioner	• Quisiera un champú con acondicionador *kiesie-era oen tsjampoe kon aakondieSieonador*
– coupe soleil	• Quisiera que me hagan claritos *kiesie-era ke mə aaĝan klarietos*
Heeft u een kleurenkaart a.u.b.?	• ¿Tendría una carta de colores? *tendriea oena karta də kolores?*
Ik wil dezelfde kleur houden	• Quiero conservar el mismo color *kjero konserbar el miesmo kolor*
Ik wil het donkerder/lichter	• Quisiera un color más oscuro/más claro *kiesie-era oen kolor mas oskoero/mas klaro*
Ik wil (geen) versteviger in mijn haar	• (No) quiero fijador *(no) kjero fiechador*
– gel	• (No) quiero gel *(no) kjero chel*
– lotion	• (No) quiero loción *(no) kjero loSieon*

Ik wil mijn pony kort	• Quisiera el flequillo corto
	kiesie-era el flekiejo korto
– het van achteren niet te kort	• No lo quisiera demasiado corto por detrás
	no lo kiesie-era demasieado korto por detras
– het hier niet te lang	• No lo quisiera demasiado largo aquí
	no lo kiesie-era demasieado larĝo aakie
– (niet te veel) krullen	• (No) quisiera (demasiados) rizos
	(no) kiesie-era (demasieados) rieSos
Er moet een klein stukje/flink stuk af	• Hay que cortar sólo un trocito/un buen trozo
	aj ke kortar solo oen troSieto/oen boe-en troSo
Ik wil een heel ander model	• Quisiera un modelo totalmente diferente
	kiesie-era oen modelo totalmentə dieferentə
Ik wil mijn haar zoals –	• Quisiera el pelo como –
	kiesie-era el pelo komo –
– die mevrouw	• Quisiera el pelo como esa señora
	kiesie-era el pelo komo esa senjora
– op deze foto	• Quisiera el pelo como en esta foto
	kiesie-era el pelo komo en esta foto
Kunt u de kap hoger/ lager zetten?	• ¿Podría poner el casco más alto/bajo?
	podriea poner el kasko mas alto/bacho?
Ik wil graag een ge- zichtsmasker	• Quisiera una máscara facial
	kiesie-era oena maskara faSieal
– een manicure	• Quisiera que me hagan manicura
	kiesie-era ke mə aaĝan maniekoera
– een massage	• Quisiera que me hagan masaje
	kiesie-era ke mə aaĝan masachə

¿Cómo quiere el corte de pelo?	Hoe wilt u uw haar geknipt hebben?
¿Qué modelo deseaba?	Welk model heeft u op het oog?
¿Qué color quiere?	Welke kleur moet het worden?
¿Esta temperatura le va bien?	Is dit de goede temperatuur?
¿Quiere algo para leer?	Wilt u iets te lezen hebben?
¿Quiere algo para beber?	Wilt u iets drinken?

¿Así está bien?   Is het zo naar uw zin?

10

**Wilt u mijn – bij-
knippen?**
– pony

– baard

– snor

Scheren a.u.b.

**Ik wil met een mesje
geschoren worden**

• ¿Me podría recortar el/la –?
  mə podriea rekortar el/la –?
• ¿Me podría recortar el flequillo?
  mə podriea rekortar el flekiejo?
• ¿Me podría recortar la barba?
  mə podriea rekortar la barba?
• ¿Me podría recortar el bigote?
  mə podriea rekortar el biegotə?

• Aféiteme, por favor
  aafeitəmə, por fabor
• Aféiteme a navaja, por favor
  aafeitəmə aa nabacha, por fabor

11 Informeren bij de VVV

11.1 Bezienswaardigheden

Waar is het VVV-kantoor?
- ¿Dónde está la oficina de turismo?
  dondə estạ la oofieSiẹna də toeriẹsmo?

Heeft u een plattegrond van de stad?
- ¿Tendría un plano de la ciudad?
  tendriẹa oen plạno də la Sie-oedạ?

Kunt u mij informatie geven over ...
- ¿Me podría dar información sobre ...?
  mə podriẹa dar ienformaSiẹon sọbrə ...?

Hoeveel moeten we u hiervoor betalen?
- ¿Cuánto le debemos por esto?
  koeạnto lə debẹmos por ẹsto?

Wat zijn de belangrijkste bezienswaardigheden?
- ¿Cuáles son los sitios más interesantes para visitar?
  koeạles son los siẹtieos mas ienteresạntes para biesietạr?

Kunt u die aanwijzen op de kaart?
- ¿Me los podría señalar en el plano?
  mə los podriẹa senjalạr en el plạno?

Wat raadt u ons aan?
- ¿Qué nos recomienda?
  ke nos rekomjẹnda?

We blijven hier een paar uur
- Pensamos quedarnos unas horas
  pensạmos kedạrnos ọenas ọoras

– een dag
- Pensamos quedarnos un día
  pensạmos kedạrnos oen diẹa

– een week
- Pensamos quedarnos una semana
  pensạmos kedạrnos ọena semạna

We zijn geïnteresseerd in ...
- Nos interesa ...
  nos ienterẹsa ...

Kunnen we een stadswandeling maken?
- ¿Hay algún circuito turístico para visitar la ciudad a pie?
  aj algọen Sierkoe-iẹto toeriẹstieko para biesietạr la Sie-oedạ aa pjee?

Hoelang duurt die?
- ¿Cuánto dura?
  koeạnto dọera?

Waar is het startpunt/eindpunt?
- ¿De dónde sale?/¿Dónde termina?
  də dọndə salə?/dọndə termiẹna?

Zijn er hier rondvaartboten?
- ¿Hay excursiones en barco?
  aj ekskoersiẹones en bạrko?

Waar kunnen we aan boord gaan?	• ¿Dónde se puede embarcar? *dondə sə poe- edə embarkar?*
Zijn er rondritten per bus?	• ¿Hay excursiones en autocar? *aj ekskoersiegones en autokar*
Waar moeten we opstappen?	• ¿De dónde salen? *də dondə salen?*
Is er een gids die Engels spreekt?	• ¿Hay algún guía que hable inglés? *aj algoen giea ke aablə ienglgs?*
Welke uitstapjes kan men in de omgeving maken?	• ¿Qué excursiones se pueden hacer en los alrededores? *ke ekskoersiegones sə poe-eden aaSer en los alrededores?*
Zijn er excursies?	• ¿Hay excursiones organizadas? *aj ekskoersiegones organieSadas?*
Waar gaan die naar toe?	• ¿Hacia dónde van? *aaSiea dondə ban?*
We willen naar ...	• Quisiéramos ir a ... *kiesie-eramos ier aa ...*
Hoe lang duurt die tocht?	• ¿Cuánto se tarda en llegar? *koeanto sə tarda en ljegar?*
Hoe lang blijven we in ...?	• ¿Cuánto dura la visita a ...? *koeanto doera la biesieta aa ...?*
Zijn er rondleidingen?	• ¿Hay visitas guiadas? *aj biesietas gieadas?*
Hoeveel tijd hebben we daar voor onszelf?	• ¿Cuánto tiempo libre tenemos allí? *koeanto tie-empo liebrə tenemos ajie?*
We willen een trektocht maken	• Nos gustaría hacer una excursión con etapas *nos goestariea aaSer oena eskoersiegon kon eetapas*
Kunnen we een gids huren?	• ¿Es posible alquilar un guía? *es posieblə alkielar oen giea?*
Kan ik berghutten reserveren?	• ¿Se puede hacer una reserva para un refugio (en la montaña)? *sə poe-edə aaSer oena reserba para oen refoechjo (en la montanja)?*
Hoe laat gaat ... open/dicht?	• ¿A qué hora abre/cierra ...? *aa ke oora aabrə/Sie-erra ...?*
Op welke dagen is ... geopend/gesloten?	• ¿Qué días tiene abierto/cerrado ...? *ke dieas tie-enə aabjerto/Serrado ...?*
Hoeveel is de toegangsprijs?	• ¿Cuánto sale la entrada? *koeanto salə la entrada?*

Is er reductie voor groepen?	• ¿Hay descuento para grupos?
	aj deskoe-ento para groepos?
– kinderen	• ¿Hay descuento para niños?
	aj deskoe-ento para nienjos?
– 65⁺	• ¿Hay descuento para jubilados?
	aj deskoe-ento para choebielados?

Mag ik hier fotograferen (met flits)/filmen	• ¿Se puede sacar fotos (con flash)/filmar?
	sə poe-edə sakar fotos (kon flasj) /fielmar?
Verkoopt u ansichtkaarten met … erop?	• ¿Venden postales de …?
	benden postales də …?

Heeft u een – in het Nederlands?	• ¿Tiene un – en neerlandés (holandés)?
	tie-enə oen – en neerlandes (oolandes)?
– catalogus	• ¿Tiene un catálogo en neerlandés?
	tie-enə oen katalogo en neerlandes?
– programma	• ¿Tiene un programa en neerlandés?
	tie-enə oen programa en neerlandes?
– brochure	• ¿Tiene un folleto en neerlandés (holandés)/alemán/francés/inglés?
	tie-enə oen fojeto en neerlandes (oolandes) / aaleman/franSes/iengles?

11.2 Uitgaan

In Spaanse theaters wordt u meestal naar uw stoel begeleid door een ouvreuse, van wie u ook een programma krijgt. Een fooi is in dat geval gebruikelijk.
De meeste films zijn *doblada* (nagesynchroniseerd). Als er ondertiteld is, wordt dat speciaal aangegeven als *versión original (V.O.)*.

Heeft u de uitgaanskrant van deze week/ deze maand?	• ¿Tiene la guía de los espectáculos de esta semana/este mes?
	tie-enə la gieja də los espektakoelos də esta semana/estə mes?
Wat is er vanavond te doen?	• ¿Adónde podríamos ir esta noche?
	aadondə podrieamos ier esta notsjə?
We willen naar …	• Nos gustaría ir a …
	nos goestariea ier aa …
Welke films draaien er?	• ¿Qué películas ponen?
	ke peliekoelas ponən?

Wat voor een film is dat?	• ¿Qué clase de película es? *ke klasə də peliekoela es?*
alle leeftijden	• para todos los públicos *para todos los poebliekos*
boven de 12/16 jaar	• prohibido para menores de 12/16 años *proo-iebiedo para menores də doSə/die-eSieseis anjos*
originele versie	• versión original *bersieon ooriechienal*
met ondertitels	• subtitulada *soeptietoelada*
nagesynchroniseerd	• doblada *doblada*
Is het een doorlopende voorstelling?	• ¿Es sesión continua? *es sesieon kontienoea?*
Wat is er te doen in –?	• ¿Qué dan en –? *ke dan en –?*
– het theater	• ¿Qué dan en el teatro? *ke dan en el teeatro?*
– het concertgebouw	• ¿Qué dan en la sala de conciertos? *ke dan en la sala də konSie-ertos?*
– de opera	• ¿Qué dan en la ópera? *ke dan en la oopera?*
Waar is hier een goede disco?	• ¿Dónde hay una buena discoteca por aquí? *dondə aj oena boe-ena dieskoteka por aakie?*
Is lidmaatschap vereist?	• ¿Hay que ser socio? *ak je ser soSieo?*
Waar is hier een goede nachtclub?	• ¿Dónde hay un buen cabaret por aquí? *dondə aj oen boe-en kabaret por aakie?*
Is avondkleding verplicht?	• ¿Hay que ir en traje de etiqueta? *aj ke ier en trachə də eetieketa?*
– gewenst	• ¿Es recomendable ir en traje de etiqueta? *es rekomendablə ier en trachə də eetieketa?*
Hoe laat begint de show?	• ¿A qué hora comienza el espectáculo? *aa ke oora komjenSa el espektakoelo?*
Wanneer is de eerstvolgende voetbalwedstrijd?	• ¿Cuándo es el próximo partido de fútbol? *koeando es el proksiemo partiedo də foetbol?*

Wie spelen er tegen elkaar?
- ¿Quiénes juegan?
  kjenes choe-egan?

Ik wil voor vanavond een escortguide. Kunt u dat voor me regelen?
- Quisiera contratar un servicio de relax para esta noche. ¿Podría hacerme una reserva?
  kiesie-era contratar oen serbieSieo də relaks para esta notsjə. poodriea aaSermə oena reserba?

11.3 Kaartjes reserveren

Kunt u voor ons reserveren?
- ¿Podría hacernos una reserva?
  podriea aaSernos oena reserba?

We willen ... plaatsen/ een tafeltje –
- Quisiéramos ... entradas/una mesa –
  kiesie-eramos ... entradas/oena mesa –

– in de zaal
- Quisiéramos ... entradas/una mesa en la platea
  kiesie-eramos ... entradas/oena mesa en la plateea

– op het balkon
- Quisiéramos ... entradas/una mesa en el palco
  kiesie-eramos ... entradas/oena mesa en el palko

– in de loge
- Quisiéramos ... entradas/una mesa en el palco privado
  kiesie-eramos ... entradas/oena mesa en el palko prievado

– vooraan
- Quisiéramos ... entradas/una mesa adelante
  kiesie-eramos ... entradas/oena mesa aadelantə

– in het midden
- Quisiéramos ... entradas/una mesa al centro
  kiesie-eramos ... entradas/oena mesa al Sentro

– achteraan
- Quisiéramos ... entradas/una mesa atrás
  kiesie-eramos ... entradas/oena mesa atras

Kan ik ... plaatsen voor de voorstelling van ... uur reserveren?	• ¿Podría reservar ... entradas para la función de las ...? *podría reserbar ... entradas para la foenSieon de las ...?*
Zijn er nog kaartjes voor vanavond?	• ¿Quedan entradas para esta noche? *kedan entradas para esta notsjə?*
Hoeveel kost een kaartje?	• ¿Cuánto sale la entrada? *koeanto salə la entrada?*
Wanneer kan ik de kaartjes ophalen?	• ¿Cuándo puedo pasar a retirar las entradas? *koeando poe-edo pasar aa retierar las entradas?*
Ik heb gereserveerd	• Tengo una reserva *tengo oena reserba*
Mijn naam is ...	• Me llamo ... *mə ljamo ...*

¿Para qué función desea reservar?	Voor welke voorstelling wilt u reserveren?
¿Qué sector prefiere?	Waar wilt u zitten?
No hay billetes	Alles is uitverkocht
Sólo quedan entradas de pie	Er zijn alleen nog staanplaatsen
Sólo quedan entradas en el palco	Er zijn alleen nog plaatsen op het balkon
Sólo quedan entradas en la galería	Er zijn alleen nog plaatsen op het schellinkje
Sólo quedan entradas en la platea	Er zijn alleen nog plaatsen in de zaal
Sólo quedan entradas adelante	Er zijn alleen nog plaatsen vooraan
Sólo quedan entradas atrás	Er zijn alleen nog plaatsen achteraan
¿Cuántas entradas quiere?	Hoeveel plaatsen wilt u?
Tiene que retirar las entradas antes de las ...	U moet de kaartjes vóór ... uur ophalen
¿Me permite las entradas?	Mag ik uw plaatsbewijzen zien?
Este es su asiento	Dit is uw plaats

12 Sportieve ontspanning

12.1 Sportieve vragen

Waar kunnen we hier ...?	• ¿Dónde se puede ...?
	dondə sə poe-edə ...?
Is er hier een ... in de buurt?	• ¿Hay algún ... por aquí cerca?
	aj algoen ... por aakie Serka?
Kan ik hier een ... huren?	• ¿Alquilan ...?
	alkielan ...?
Kan ik les nemen in ...?	• ¿Dan clases de ...?
	dan klases də ...?
Hoeveel kost dat per uur/dag/keer?	• ¿Cuánto sale por hora/día/clase?
	koeanto salə por oora/diea/klasə?
Heb je daarvoor een vergunning nodig?	• ¿Se necesita un permiso?
	sə neSesieta oen permieso?
Waar kan ik die vergunning krijgen?	• ¿Dónde se consiguen los permisos?
	dondə sə konsiegen los permiesos?

12.2 Aan het water

Is het nog ver (lopen) naar zee?	• ¿Falta mucho para llegar al mar?
	falta moetsjo para ljegar al mar?
Is er hier ook een – in de buurt?	• ¿Hay algún – por aquí?
	aj algoen – por aakie?
– zwembad	• ¿Hay alguna piscina por aquí?
	aj algoena piesSiena por aakie?
– zandstrand	• ¿Hay alguna playa de arena por aquí?
	aj algoena plaja də arena por aakie?
– naaktstrand	• ¿Hay alguna playa nudista por aquí?
	aj algoena plaja noediesta por aakie?
– aanlegplaats voor boten	• ¿Hay algún atracadero por aquí?
	aj algoen aatrakadero por aakie?
Zijn er hier ook rotsen?	• ¿Hay rocas?
	aj rokas?
Wanneer is het vloed/eb?	• ¿Cuándo sube/baja la marea?
	koeando soebə/bacha la mareea?

Wat is de temperatuur van het water?	• ¿Qué temperatura tiene el agua? *ke temperatoera tie-ɘnɘ el aaǧoea?*
Is het hier (erg) diep?	• ¿Es (muy) profundo? *es (moej) profoendo?*
Kan je hier staan?	• ¿Se puede hacer pie? *sɘ poe-ɘdɘ aaSɘr pje?*
Is het hier veilig zwemmen (voor kinderen)?	• ¿Es seguro para nadar (para los niños)? *es seǧoero para nadar (para los nienjos)?*
Zijn er stromingen?	• ¿Hay corriente? *aj korrjentɘ?*
Heeft deze rivier stroomversnellingen/ watervallen?	• ¿Este río tiene rápidos/cascadas? *estɘ rieo tie-ɘnɘ rapiedos/kaskadas?*
Wat betekent die vlag/ boei daar?	• ¿Qué significa aquella bandera/boya? *ke sieǧniefieka aakeja banderа/boja?*
Is er hier een badmeester die een oogje in het zeil houdt?	• ¿Hay algún bañista que vigile? *aj alǧoen banjiesta ke biechielɘ?*
Mogen hier honden komen?	• ¿Está permitido traer perros? *esta permietiedo traaer perros?*
Mag je hier kamperen op het strand?	• ¿Está permitido acampar en la playa? *esta permietiedo aakampar en la plaja?*
Mag je hier een vuurtje stoken?	• ¿Está permitido hacer fuego? *esta permietiedo aaSer foe-eǧo?*

Aguas de pesca Viswater	**Prohibido bañarse** Verboden te zwemmen
Peligro Gevaar	**Prohibido hacer surfing** Verboden te surfen
Permiso obligatorio Alleen met vergunning	**Prohibido pescar** Verboden te vissen

12.3 In de sneeuw

Kan ik hier skiles nemen?	• ¿Dan clases de esquí? *dan klases dɘ eskie?*
voor beginners/(half-) gevorderden	• para principiantes/(semi-)avanzados *para prienSiepjantes/(semie-)aabanSados*

Hoe groot zijn de groepen?	• ¿De cuántas personas son los grupos? *də koeantas persɔnas son los ğroepos?*
In welke taal wordt er les gegeven?	• ¿En qué idioma son las clases? *en ke iedieɔma son las klases?*
Ik wil graag een ski (lift)pas	• Quisiera un pase para las telesillas *kiesie-era oen pasə para las telesiejas*
Moet ik een pasfoto inleveren?	• ¿Se necesita foto? *sə neSesieta foto?*
Waar kan ik een pas-foto laten maken?	• ¿Dónde puedo sacarme fotos? *dondə poe-edo sakarmə fotos?*
Waar zijn de skipistes voor beginners?	• ¿Dónde están las pistas para principiantes? *dondə estan las piestas para prienSiepjantes?*
Zijn er langlaufloipes in de buurt?	• ¿Hay pistas de esquí de fondo por aquí? *aj piestas də eskie də fondo por aakie?*
Zijn de langlaufloipes aangegeven?	• ¿Las pistas de esquí de fondo están señalizadas? *las piestas də eskie də fondo estan senjalieSadas?*
Zijn de – open?	• ¿Están abiertos los –? *estan aabjertos los –?*
– skiliften	• ¿Ya funcionan los telesquís? *ja foenSieɔnan los teleskies?*
– stoeltjesliften	• ¿Ya funcionan las telesillas? *ja foenSieɔnan las telesiejas?*
– pistes	• ¿Están abiertas las pistas? *estan aabjertas las piestas?*
– loipes	• ¿Están abiertas las pistas de esquí de fondo? *estan aabjertas las piestas də eskie də fondo?*

13 Ziek

13.1 De dokter (laten) roepen

Wilt u a.u.b. snel een dokter bellen/halen?	• ¿Podría llamar/ir a buscar rápido a un médico, por favor? *podriea ljamar/ier aa boeskar rapiedo aa oen medieko, por fabor?*
Wanneer heeft de dokter spreekuur?	• ¿Cuándo tiene consulta el médico? *koeando tie-ena konsoelta el medieko?*
Wanneer kan de dokter komen?	• ¿Cuándo puede venir el médico? *koeando poe-eda benier el medieko?*
Kunt u voor mij een afspraak bij de dokter maken?	• ¿Podría pedirme hora con el médico? *podriea pedierma oora kon el medieko?*
Ik heb een afspraak met de dokter om ... uur	• Tengo hora con el médico para las ... *tengo oora kon el medieko para las ...*
Welke dokter/apotheek heeft nachtdienst/ weekenddienst?	• ¿Qué médico/farmacia está de guardia esta noche/este fin de semana? *ke medieko/farmaSiea esta de goeardiea esta notsja/esta fien da semana?*

13.2 Klachten van de patiënt

Ik voel me niet goed	• No me siento bien *no ma sie-ento bjen*
Ik ben duizelig	• Tengo mareos *tengo mareeos*
– ziek	• Estoy enfermo *estoj enfermo*
– misselijk	• Tengo náuseas *tengo naoeseeas*
– verkouden	• Estoy constipado *estoj konstiepado*
Ik heb hier pijn	• Me duele aquí *ma doe-eela aakie*

Ik heb overgegeven
- He devuelto/vomitado
  ee deboe-elto/bomietado

Ik heb last van ...
- Tengo molestias de ...
  tengo molestieas də ...

Ik heb ... graden koorts
- Tengo ... grados de fiebre
  tengo ... grados də fjebrə

Ik ben gestoken door een wesp
- Me ha picado una avispa
  mə aa piekado oena aabiespa

– insect
- Me ha picado un insecto
  mə aa piekado oen iensekto

Ik ben gebeten door een hond
- Me ha mordido un perro
  mə aa mordiedo oen perro

– kwal
- Me ha picado una medusa
  mə aa piekado oena medoesa

– slang
- Me ha mordido una serpiente
  mə aa mordiedo oena serpjentə

– beest
- Me ha picado un bicho
  mə aa piekado oen bietsjo

Ik heb me gesneden
- Me he cortado
  mə ee kortado

– gebrand
- Me he quemado
  mə ee kemado

– geschaafd
- Tengo una rozadura
  tengo oena roSadoera

Ik ben gevallen
- Me he caído
  mə ee kaaiedo

Ik heb mijn enkel verzwikt
- Me he torcido el tobillo
  mə ee torSiedo el tobiejo

Ik kom voor de morning-afterpil
- Vengo a que me dé una píldora del día después
  bengo aa ke mə de oena pieldora del diea despoeɛs

13.3 Het consult

¿Qué molestias tiene?	Wat zijn de klachten?
¿Cuánto hace que tiene estas molestias?	Hoe lang heeft u deze klachten al?
¿Ha tenido estas molestias anteriormente?	Heeft u deze klachten al eerder gehad?
¿Qué temperatura tiene?	Hoeveel graden koorts heeft u?
Desnúdese	Kleedt u zich uit a.u.b.
Desvístase de la cintura para arriba	Kunt u uw bovenlijf ontbloten?
Allí puede quitarse la ropa	U kunt zich daar uitkleden
Descúbrase el brazo izquierdo/derecho	Kunt u uw linkerarm/rechterarm ontbloten?
Recuéstese aquí	Gaat u hier maar liggen
¿Le duele esto?	Doet dit pijn?
Respire hondo	Adem diep in en uit
Abra la boca	Doe uw mond open

Voorgeschiedenis van de patiënt

Ik ben suikerpatiënt	• Soy diabético *soj dieabetieko*
– hartpatiënt	• Soy enfermo cardíaco *soj enfermo kardieako*
– astmapatiënt	• Soy asmático *soj asmatieko*
Ik ben allergisch voor ...	• Soy alérgico a ... *soj aalerchieko aa ...*
Ik ben ... maanden zwanger	• Estoy embarazada de ... meses *estoj embaraSada də ... meses*
Ik ben op dieet	• Sigo una dieta *siego oena die-eta*
Ik gebruik medicijnen/ de pil	• Tomo medicamentos/la píldora *tomo mediekamentos/la pieldora*
Ik heb al eerder een hartaanval gehad	• He tenido un ataque cardíaco anteriormente *ee teniedo oen aatakə kardieako anterieormentə*

Ik ben geopereerd aan ... • Me han operado del/de la ...
mə an ooperado del/də la ...

Ik ben pas ziek geweest • He estado enfermo hace poco
ee estado enfermo aaSə poko

Ik heb een maagzweer • Tengo una úlcera
tengo oena oelSera

Ik ben ongesteld • Tengo la regla
tengo la regla

¿Padece alguna alergia?	Bent u ergens allergisch voor?
¿Toma medicamentos?	Gebruikt u medicijnen?
¿Sigue alguna dieta?	Volgt u een dieet?
¿Está embarazada?	Bent u zwanger?
¿Está vacunado/a contra el tétanos?	Bent u ingeënt tegen tetanus?

De diagnose

No es nada grave	Het is niets ernstigs
Se ha fracturado el/la ...	U heeft uw ... gebroken
Se ha contusionado el/la ...	U heeft uw ... gekneusd
Se ha desgarrado el/la ...	U heeft uw ... gescheurd
Tiene una inflamación	U heeft een ontsteking
Tiene apendicitis	U heeft een blindedarmontsteking
Tiene bronquitis	U heeft een bronchitis
Tiene una enfermedad venérea	U heeft een geslachtsziekte
Tiene gripe	U heeft griep
Ha tenido un ataque al corazón	U heeft een hartaanval gehad
Tiene una infección virósica/bacteriana	U heeft een infectie (virus-, bacterie-)
Tiene una pulmonía	U heeft een longontsteking
Tiene una úlcera	U heeft een maagzweer
Se ha distendido un músculo	U heeft een spier verrekt
Tiene una infección vaginal	U heeft een vaginale infectie
Tiene una intoxicación alimenticia	U heeft een voedselvergiftiging
Tiene una insolación	U heeft een zonnesteek

Es alérgico a ...	U bent allergisch voor ...
Está embarazada	U bent zwanger
Quisiera hacerle un análisis de sangre/de orina/de materia fecal	Ik wil uw bloed/urine/ontlasting laten onderzoeken
Hay que suturar la herida	Het moet gehecht worden
Le/la voy a derivar a un especialista/a un hospital	Ik stuur u door naar een specialist/het ziekenhuis
Tiene que hacerse radiografías	Er moeten foto's gemaakt worden
Vuelva a tomar asiento en la sala de espera	U moet weer even in de wachtkamer gaan zitten
Hay que operarle/operarla	U moet geopereerd worden

Is het besmettelijk?	• ¿Es contagioso? *es kontachjoso?*
Hoe lang moet ik – blijven?	• ¿Hasta cuándo tengo que –? *asta koeando tengo ke –?*
– in bed	• ¿Hasta cuándo tengo que guardar cama? *asta koeando tengo ke ĝuardar kama?*
– in het ziekenhuis	• ¿Hasta cuándo tengo que quedarme en el hospital? *asta koeando tengo ke kedarmə en el ospietal?*
Moet ik me aan een dieet houden?	• ¿Tengo que seguir alguna dieta? *tengo ke seĝier alĝoena die-eta?*
Mag ik reizen?	• ¿Puedo viajar? *poe-edo bjachar?*
Kan ik een nieuwe afspraak maken?	• ¿Puedo volver a pedir hora? *poeedo bolber aa pedier oora?*
Wanneer moet ik terugkomen?	• ¿Cuándo tengo que volver? *koeando tengo ke bolber?*
Ik kom morgen terug	• Vuelvo mañana *boe-elbo manjana*

Vuelva mañana/dentro de ... días	U moet morgen/over ... dagen terugkomen

Hoe moet ik deze medicijnen innemen?	• ¿Cómo se toman estos medicamentos? *komo sə toman estos mediekamentos?*
Hoeveel capsules/ druppels/injecties/ lepels/tabletten per keer?	• ¿Cuántas cápsulas/gotas/inyecciones/ cucharadas/tabletas por vez? *koeantas kapsoelas/ĝotas/ienjekSieones/ koetsjaradas/tabletas por beS?*
Hoeveel keer per dag?	• ¿Cuántas veces al día? *koeantas beSes al diea?*
Ik heb mijn medicijnen vergeten. Thuis ge- bruik ik ...	• Se me ha olvidado traer los medicamentos. En casa tomo ... *sə mə aa olbiedado traaer los mediekamentos. en kasa tomo ...*
Kunt u voor mij een recept uitschrijven?	• ¿Podría hacerme una receta? *podriea aaSermə oena reSeta?*

Voy a recetarle unos an- tibióticos/un jarabe/un cal- mante/unos analgésicos	Ik schrijf u antibiotica/een drankje/een kalmeringsmiddel/ pijnstillers voor
Tiene que guardar reposo	U moet rust houden
No tiene que salir a la calle	U mag niet naar buiten
Tiene que guardar cama	U moet in bed blijven

antes de cada comida voor elke maaltijd	**estos medicamentos afectan la capacidad de conducir** deze medicijnen beïnvloeden de rijvaardigheid
aplicar/embadurnar insmeren	**gotas** druppels
cada ... horas om de ... uur	**inyecciones** injecties
cápsulas capsules	**para uso externo exclusiva- mente** alleen voor uitwendig gebruik
cucharadas (soperas/de té) lepels (eet-/thee-)	**seguir la cura hasta el final** de kuur afmaken
diluir en agua oplossen in water	**tabletas** tabletten
durante ... días gedurende ... dagen	**tomar/ingerir** innemen

tragar entero
in zijn geheel doorslikken
ungüento
zalf

... vez/veces cada 24 horas
... maal per etmaal

13.5 De tandarts

Weet u een goede tandarts?
- ¿Me podría recomendar un buen dentista?
  mə podriea rekomendar oen boe-en dentiesta?

Kunt u voor mij een afspraak maken bij de tandarts? Er is haast bij
- ¿Me podría pedir hora con el dentista? Es urgente
  mə podriea pedier oora kon el dentiesta? es oerchentə

Kan ik a.u.b. vandaag nog komen?
- ¿Me podría atender hoy mismo?
  mə podriea aatender oj miesmo?

Ik heb (vreselijke) kiespijn/tandpijn
- Tengo (un terrible) dolor de muelas/dientes
  tengo (oen trrieblə) dolor də moe-elas/die-entes

Kunt u een pijnstiller voorschrijven/geven?
- ¿Me podría recetar/dar un analgésico?
  mə podriea reSetar/dar oen aanalchesieko?

Er is een stuk van mijn tand/kies afgebroken
- Se me ha caído un pedazo de un diente/de una muela
  sə mə aa kaaiedo oen pedaSo də oen die-entə/də oena moe-ela

Mijn vulling is eruit gevallen
- Se me ha salido un empaste
  sə mə aa saliedo oen empastə

Mijn kroon is afgebroken
- Se me ha roto la corona
  sə mə aa roto la korona

Ik wil wel/niet plaatselijk verdoofd worden
- Quisiera que/no quiero que me ponga anestesia local
  kiesie-era ke/no kjero ke mə pongə aanestesiea lokal

Kunt u me nu op provisorische wijze helpen?
- ¿Me podría hacer un arreglo provisional?
  mə podriea aaSer oen arreglo probiesieonal?

Ik wil niet dat deze kies getrokken wordt
- No quiero que me extraiga esta muela
  no kjero ke mə ekstrajĝa esta moe-ela

Mijn kunstgebit is gebroken. Kunt u het repareren?

• Se me ha roto la dentadura postiza.
¿Podría arreglármela?
*sǝ mǝ aa roto la dentadoera postieSa.
podriea arreĝlarmǝla?*

¿Qué diente/muela le duele?	Welke tand/kies doet pijn?
Tiene un abceso	U heeft een abces
Tengo que tratarle el nervio	Ik moet een zenuwbehandeling doen
Voy a ponerle anestesia local	Ik ga u plaatselijk verdoven
Tengo que empastarle/ex-traerle/pulirle este/esta ...	Ik moet deze ... vullen/trekken/afslijpen
Tengo que usar el torno	Ik moet boren
Abra la boca	Mond open
Cierre la boca	Mond dicht
Enjuáguese	Spoelen
¿Le sigue doliendo?	Voelt u nog pijn?

14 In moeilijkheden

14.1 Om hulp vragen

Help!	• ¡Socorro! *sokorro!*
Brand!	• ¡Fuego! *foe-ego!*
Politie!	• ¡Policía! *polieSiea!*
Snel!	• ¡Rápido! *rapiedo!*
Gevaar!	• ¡Peligro! *peliegro!*
Pas op!	• ¡Cuidado! *koe-iedado!*
Stop!	• ¡Alto! *alto!*
Voorzichtig!	• ¡Cuidado! *koe-iedado!*
Niet doen!	• ¡No, no! *no, no!*
Laat los!	• ¡Suelte! *soe-eltə!*
Houd de dief!	• ¡Al ladrón! *al ladron!*
Wilt u me helpen?	• ¿Podría ayudarme? *podriea aajoedarmə?*
Waar is het politie-bureau/de nooduit-gang/de brandtrap?	• ¿Dónde está la comisaría/la salida de emergencia/la escalera de incendios? *dondə esta la komiesariea/la saliedə də eemerchenSiea/la eskalera də ienSendieos?*
Waar is een brandblus-apparaat?	• ¿Dónde hay un extintor? *dondə aj oen ekstientor?*
Waarschuw de brand-weer!	• ¡Llamen a los bomberos! *ljamen aa los bomberos!*
Bel de politie	• ¡Llamen a la policía! *ljamen aa la polieSiea!*
Waarschuw een zieken-auto	• ¡Llamen a una ambulancia! *ljamen aa oena amboelanSiea!*

Waar is een telefoon?	• ¿Dónde hay un teléfono?
	dondə aj oen telefono?
Mag ik uw telefoon gebruiken?	• ¿Podría llamar por teléfono?
	podriea ljamar por telefono?
Wat is het alarm-nummer?	• ¿Cuál es el número de urgencias?
	koeal es el noemero də oerchenSieas?
Wat is het telefoon-nummer van de politie?	• ¿Cuál es el número de la policía?
	koeal es el noemero də la polieSiea?

14.2 Verlies

Ik ben mijn portemon-nee/portefeuille verloren	• Se me ha perdido el monedero/la cartera
	sə mə aa perdiedo el monedero/la kartera
Ik ben gisteren mijn ... vergeten	• Ayer me dejé el/la ...
	aajer mə deche el/la ...
Ik heb hier mijn ... laten liggen/staan	• Me he dejado el/la ...
	mə ee dechado el/la ...
Heeft u mijn ... gevon-den?	• ¿Han encontrado mi ...?
	an enkontrado mie ...?
Hij stond/lag hier	• Estaba aquí
	estaba akie
Het is zeer kostbaar	• Es muy valioso
	es moej baljoso
Waar is het bureau gevonden voorwer-pen?	• ¿Dónde está la oficina de objetos perdidos?
	dondə esta la oofieSiena də obchetos perdiedos?

14.3 Ongelukken

Er is een ongeluk gebeurd	• Ha habido un accidente
	aa aabiedo oen akSiedentə
Er is iemand in het water gevallen	• Se ha caído alguien al agua
	sə aa kaiedo alĝjen al aaĝoea
Er is brand	• Hay un incendio
	aj oen ienSendieo
Is er iemand gewond?	• ¿Hay algún herido?
	aj alĝoen eeriedo?

Er zijn (geen) gewonden	• (No) hay heridos *(no) aj eeriedos*
Er zit nog iemand in de auto/trein	• Todavía queda alguien en el coche/tren *todabiea keda algjen en el kotsjə/tren*
Het valt wel mee. Maakt u zich geen zorgen	• No es grave. No se preocupe *no es grabə. no sə preeokoepə*
Wilt u geen veranderingen aanbrengen	• No toque nada *no tokə nada*
Ik wil eerst met de politie praten	• Primero quisiera hablar con la policía *priemero kiesie-era aablar kon la polieSiea*
Ik wil eerst een foto nemen	• Primero quisiera sacar una foto *priemero kiesie-era sakar oena foto*
Hier heeft u mijn naam en adres	• Aquí tiene mi nombre y dirección *aakie tie-enə mie nombrə ie dierekSieon*
Mag ik uw naam en adres weten?	• ¿Me da su nombre y dirección? *mə da soe nombrə ie dierekSieon?*
Mag ik uw identiteitsbewijs/verzekeringspapieren zien?	• ¿Me permite su carnet de identidad/sus papeles del seguro? *mə permietə soe karnę də iedentiedą/soes papeles del segoero?*
Wilt u getuige zijn?	• ¿Le importaría hacer de testigo? *lə iemportariea aaSer də testiego?*
Ik moet de gegevens weten voor de verzekering	• Necesito los datos para el seguro *neSesieto los datos para el segoero*
Bent u verzekerd?	• ¿Está asegurado? *esta aasegoerado?*
WA of all risk?	• ¿Responsabilidad civil o contra todo riesgo? *responsabielieda Siebiel oo kontra todo rie-esgo?*
Wilt u hier uw handtekening zetten?	• Firme aquí, por favor *fiermə aakie, por fabor*

14.4 Diefstal

Ik ben bestolen	• Me han robado *mə an robado*
Mijn ... is gestolen	• Me han robado el/la ... *mə an robado el/la ...*

Mijn auto is openge-broken	• Me han abierto el coche *mə an aabjerto el kotsjə*

14.5 Er is iemand zoek

Ik ben mijn kind/oma kwijt	• Se ha perdido mi hijo/mi hija/mi abuela *sə aa perdiedo mie iecho/mie iechaa/mie aaboe-ela*
Wilt u mij helpen zoeken?	• ¿Podría ayudarme a buscar? *podriea aajoedarmə aa boeskar?*
Heeft u een klein kind gezien?	• ¿Ha visto a un niño pequeño/a una niña pequeña? *aa biesto aa oen nienjo pekenjo/aa oena nienja pekenja?*
Hij/zij is ... jaar	• Tiene ... años *tie-ɘnə ... anjos*
Hij/zij heeft kort/lang/blond/rood/bruin/zwart/grijs/krullend/steil/kroezend haar	• Tiene el pelo corto/largo/rubio/rojo/castaño/negro/canoso/rizado/liso/crespo *tie-ɘnə el pelo korto/largo/roebjo/rocho/kastanjo/negro/kanoso/rieSado/lieso/krespo*
met een paardenstaart	• con cola de caballo *kon kola də kabajo*
met vlechten	• con trenzas *kon trenSas*
met een knotje	• con moño *kon monjo*
De ogen zijn blauw/bruin/groen	• Tiene los ojos azules/marrones/verdes *tie-ɘnə los ochos aaSoeles/marrones/berdes*
Hij draagt een zwem-broekje/bergschoenen	• Lleva bañador/botas de montaña *ljeba banjador/botas də montanja*
met/zonder bril/tas	• con/sin gafas/bolso *kon/sien gafas/bolso*
groot/klein	• alto/bajito *alto/bachieto*
Dit is een foto van hem/haar	• Esta es su foto *esta es soe foto*
Hij/zij is zeker ver-dwaald	• Seguramente se habrá perdido *seĝoeramentə sə aabra perdiedo*

14.6 De politie

Een aanhouding

Los papeles del coche, por favor	Uw autopapieren a.u.b.
Conducía demasiado rápido	U reed te hard
Tiene mal aparcado el coche	U staat fout geparkeerd
No ha puesto monedas en el parquímetro	U heeft de parkeermeter niet gevuld
No le funcionan los faros	Uw lichten doen het niet
Le vamos a poner una multa de ...	U krijgt een boete van ...
¿Va a pagar la multa en el acto?	Wilt u direct betalen?
Tiene que pagar en el acto	U moet direct betalen

Ik spreek geen Spaans	• No hablo español *no aablo espanjol*
Ik heb dat bord niet gezien	• No he visto el cartel *no ee biesto el kartel*
Ik begrijp niet wat daar staat	• No entiendo lo que dice *no entie-endo lo ke dieSə*
Ik reed maar ... km per uur	• Sólo iba a ... kilómetros por hora *solo ieba aa ... kielometros por oora*
Ik zal mijn auto laten nakijken	• Haré revisar el coche *aare rebiesar el kotsjə*
Ik werd verblind door een tegenligger	• Me cegó un coche que venía de frente *mə SeGo oen kotsjə ke beniea də frentə*

Op het politiebureau

¿Dónde ha sido?	Waar is het gebeurd?
¿Qué se le ha perdido?	Wat bent u kwijt?
¿Qué le han robado?	Wat is er gestolen?
¿Me permite su documento de identidad?	Mag ik uw identiteitsbewijs?
¿A qué hora ocurrió?	Hoe laat is het gebeurd?
¿Quiénes estuvieron implicados?	Wie waren er bij betrokken?
¿Hay testigos?	Zijn er getuigen?

Rellene este formulario	Wilt u dit invullen
Firme aquí, por favor	Hier tekenen a.u.b.
¿Quiere un intérprete?	Wilt u een tolk?

Ik kom aangifte doen van een botsing/een vermissing/een verkrachting
- Vengo a hacer la denuncia de un choque/un extravío/una violación
  bengo aa aaSer la denoenSiea də oen tsjokə/oen ekstrabieo/oena bjolaSieon

Wilt u een proces-verbaal opmaken?
- ¿Podría hacer un atestado?
  podriea aaSer oen aatestado?

Mag ik een afschrift voor de verzekering?
- ¿Me podría dar una copia para el seguro?
  mə podriea dar oena kopja para el seǵoero?

Ik ben alles kwijt
- He perdido todo
  ee perdiedo todo

Mijn geld is op, ik ben radeloos
- Se me ha acabado el dinero, no sé qué hacer
  sə mə aa aakabado el dienero, no se ke aaSer

Kunt u mij wat lenen?
- ¿Me podría prestar algún dinero?
  mə podriea prestar alǵoen dienero?

Ik wil graag een tolk
- Quisiera un intérprete
  kiesie-era oen ienterpretə

Ik ben onschuldig
- Soy inocente
  soj ienoSentə

Ik weet nergens van
- No sé nada
  no se nada

Ik wil spreken met iemand van –
- Quisiera hablar con alguien de –
  kiesie-era aablar kon alǵjen də –

– het Nederlandse/Belgische consulaat
- Quisiera hablar con alguien del consulado holandés/belga
  kiesie-era aablar kon alǵjen del konsoelado oolandes/belǵa

– de Nederlandse/Belgische ambassade
- Quisiera hablar con alguien de la embajada holandesa/belga
  kiesie-era aablar kon alǵjen də la embachada oolandesa/belǵa

Ik wil een advocaat die ... spreekt
- Quisiera un abogado que hable ...
  kiesie-era oen aaboǵado ke aablə ...

Woordenlijst

Nederlands – Spaans

Deze woordenlijst is bedoeld als aanvulling op de hoofdstukjes hiervoor. De nummers achter het woord verwijzen naar de paragraaf met de belangrijkste zinnen waarin u deze woorden kunt gebruiken. In een aantal gevallen kunt u woorden die in deze lijst ontbreken elders in het boekje vinden, namelijk bij de illustraties van de auto, de fiets en de tent. Veel etenswaren kunt u vinden in de Spaans – Nederlandse lijst in 4.7.

Een # achter de vertaling wil zeggen dat het niet zo veel zin heeft om naar het betreffende artikel te vragen. Het is onbekend of niet verkrijgbaar.

A

aanbevelen *4.2*	recomendar	*rekomendar*
aanbieden *3.6*	ofrecer	*ofreSer*
aangebrand *4.4*	quemado	*kemado*
aangenaam *2.1*	agradable	*aĝradablə*
aangetekend *9.1*	certificado	*Sertiefiekado*
aangeven (bij douane) *5.1*	declarar	*deklarar*
aankomen *6.1*	llegar	*ljeĝar*
aanranding *14.6*	la agresión	*la aaĝresieon*
aanrijding	el choque	*el tjsokə*
aansteker	el mechero	*el metsjero*
aanwezig	presente	*presentə*
aanwijzen	señalar	*senjalar*
aardappel	la patata	*la patata*
aardbeien (groot)	los fresones	*los fresones*
aardbeien (klein)	las fresas	*las fresas*
aarde (grond)	la tierra	*la tie-era*
aardewerk *10*	la cerámica	*la Seeramieka*
aardig (om te zien)	bonito	*bonieto*
aardig (sympathiek)	amable	*aamablə*
aartsbisschop	el arzobispo	*el arSobiespo*
abonneenummer *9.2*	el número de abonado	*el noemero də aabonado*
accu *5.6*	la batería	*la bateriea*
achter *1.6*	atrás	*aatras*
achterin *6.3*	atrás	*aatras*
achternaam *1.9*	el apellido	*el aapejiedo*
achteruitrijden (trein) *6.6*	ir para atrás	*ier para atras*
achteruitrijden (auto) *5.4*	dar marcha atrás	*dar martsja atras*

adder *13.2*	la víbora	*la biebora*
ader *13.2*	la vena	*la bena*
adres *1.9, 3.11, 6.7*	la dirección	*la dierekSieon*
advies *4.2*	el consejo	*el konsecho*
advocaat (jur.) *14.6*	el abogado	*el aabogado*
afdeling *10.1*	la sección	*la sekSieon*
afdruk *9.1, 14.3*	la copia	*la kopia*
afdrukken (foto) *10.4*	copiar	*kopiear*
afgesloten (rijweg) *5.3*	(la carretera) cerrada	*(la karreteera) Serrada*
afrekenen *4.3, 7.5, 8.2*	pagar la cuenta	*pagar la koeenta*
afscheid *3.11*	la despedida	*la despedieda*
afscheiding (med.)	la secreción	*la sekreSieon*
afschuwelijk *2.6*	horrible	*orrieblə*
afspraak (bij arts) *13.1*	la hora	*la oora*
afspraak (maken) *10.5*	pedir hora	*pedier oora*
afspraakje *3.7*	la cita	*la Sieta*
afspreken *3.10*	quedar	*kedar*
afstand *6.4*	la distancia	*la diestanSiea*
aftershave	la loción para después del afeitado	*la loSieon para despoe-es del aafeitado*
agent *14.1, 14.6*	el guardia	*el goeardiea*
aids *3.9*	el sida	*el sieda*
airconditioning *7.3*	el aire acondicionado	*el ajrə aakondieSieonado*
akkoord	vale, de acuerdo	*baalə, də aakoe-erdo*
alarm *14.1*	la alarma	*la alarma*
alarmnummer *14.1*	el número de urgencias	*el noemero də oer-chenSieas*
alcohol *3.6, 13.4*	el alcohol	*el alkol*
allebei	los/las dos	*los/las dos*
alleen *3.1*	solo	*solo*
allergisch *13.3*	alérgico	*alerchieko*
alles	todo	*todo*
alstublieft (antwoord) *2.4*	de nada	*də nada*
alstublieft (vragend)	por favor	*por fabor*
altijd *3.4*	siempre	*sie-emprə*
ambassade *14.6*	la embajada	*la embachada*
ambulance *13.1, 14.1*	la ambulancia	*la amboelanSiea*
ananas	la piña	*la pienja*
andere *3.7*	otro	*ootro*
annuleren *6.4, 7.1*	cancelar	*kanSelar*
ansichtkaart *9.1, 11.1*	la (tarjeta) postal	*la (tarcheta) postal*
ansjovis *4.6*	la anchoa	*la antsjoa*
antibiotica *13.4*	los antibióticos	*los antiebieotiekos*

A

anticonceptiepil	la píldora anticonceptiva	la pi̱ldora antiekonSeptie̱ba
antiek (bn) 10.1	antiguo	antie̱ğoe-o
antiek (zn) 10	las antigüedades	las antie̱ğoe-eda̱dəs
antivries 10.1	el anticongelante	el antiekonchela̱ntə
antwoord 2.3	la respuesta	la respoe-e̱sta
anus 13.2	el ano	el a̱ano
aperitief 4.2, 4.7	el aperitivo	el aperietie̱bo
apotheek 10, 13.1	la farmacia	la farma̱Siea
appartement 3.1, 7.3	el apartamento	el aapartame̱nto
appel	la manzana	la manSa̱na
appelmoes 4.6	el puré de manzanas	el poere̱ də manSa̱nas
appelsap 4.6, 4.7	el zumo de manzana	el So̱emo də manSa̱na
appeltaart 4.6	la tarta de manzana	la ta̱rta də manSa̱na
april 1.1	abril	aabrie̱l
architectuur 11.1	la arquitectura	la arkietektoe̱ra
arm 13.2	el brazo	el bra̱So
armband 10.1, 14.2	la pulsera	la poelse̱era
artikel 10.1	el artículo	el artie̱koelo
artisjokken 4.6	las alcachofas	las alkatsjo̱fas
arts 13.1	el médico	el me̱dieko
asbak 4.2	el cenicero	el SenieSe̱ro
asperges	los espárragos	los espa̱rrağos
aspirine 13.4	la aspirina	la aspierie̱na
aubergine	la berenjena	la berenche̱na
augustus 1.1	agosto	aağo̱sto
auto 3.8, 6.3, 7.2	el coche	el ko̱tsjə
autobus 6.1, 6.4	el autobús	el autobo̱es
autodek	la bodega para coches	la bodeğa pa̱ra ko̱tsjes
automaat (machine) 8.1, 10.1	la máquina automática	la ma̱kiena automa̱tieka
automaat (auto) 5.4	el coche con cambio automático	el ko̱tsjə kon ka̱mbjo automa̱tieko
automatisch 8.1, 10.1	automático	automa̱tieko
autopapieren 14.6	los papeles del coche	los pape̱les del ko̱tsjə
autoweg 5.3	la autovía	la autobie̱a
autozitje 5.8	el asiento para niños	el aasie-e̱nto pa̱ra nie̱njos
avond (na 21 uur) 3.7	la noche	la no̱tsjə
avond (tot 21 uur) 3.7	la tarde	la ta̱rdə
avondeten 7.3	la cena, la comida	la Se̱na, la komie̱da
avondkleding 11.2	el traje de etiqueta	el tra̱chə də eetieke̱ta
avonds ('s) (na 21 uur) 1.1	por la noche	por la no̱tsjə
avonds ('s) (tot 21 uur) 1.1	por la tarde	por la ta̱rdə

A

B

baby *4.1*	el bebé	*el bebe*
babyoppas *7.3*	la/el canguro	*la/el kanggoero*
babyvoeding	la comida para bebés	*la komieda para bebes*
bad *7.3*	el baño	*el banjo*
badhanddoek	la toalla de baño	*la tooaja də banjo*
badhokje	la caseta	*la kaseta*
badkamer *7.3*	el cuarto de baño	*el koearto də banjo*
badmeester *12.2*	el bañista	*el banjiesta*
badmuts *10.1, 12.2*	la gorra de baño	*la gorra də banjo*
badpak	el bañador	*el banjador*
badschuim	el gel de baño	*el chel də banjo*
bagage *5.2*	el equipaje	*el eekiepachə*
bagagedepot *5.2*	el depósito de equipajes	*el deposieto də eekiepachəs*
bagagekluis *5.2*	la consigna automática	*la konsiegna automatieka*
bakker *10*	la panadería	*la panaderiea*
bal *12.1*	la pelota	*la pelota*
balie *6.4*	el mostrador	*el mostrador*
balkon (aan gebouw) *7.3*	el balcón	*el balkon*
balkon (theater) *11.3*	el palco (alto)	*el palko (alto)*
ballet *11.2*	el ballet	*el balle*
balpen	el bolígrafo	*el boliegrafo*
banaan	el plátano	*el platano*
bandenlichter	el desmontador de neumáticos	*el desmontador də ne-oematiekos*
bandenspanning *5.5*	la presión de los neumáticos	*la presieon de los ne-oematiekos*
bang	miedoso	*mjedoso*
bank *8.1*	el banco	*el banko*
banketbakker *10*	la pastelería, la confitería	*la pasteleriea, la konfieteriea*
bankpasje *8.1*	la tarjeta del banco	*la tarcheta del banko*
bar (café) *3.7*	el bar	*el bar*
bar (meubel)	la barra	*la barra*
barbecue *7.2*	la barbacoa	*la barbakooa*
basketballen *12.1*	el baloncesto	*el balonSesto*
batterij *10.4*	la pila	*la piela*
bed *3.9, 13.3*	la cama	*la kama*
bedanken *2.4*	agradecer	*aagradeSer*
bedankt *2.1, 2.4*	gracias	*graSieas*
bediening *4.3*	el servicio	*el serbieSieo*
bedorven *4.4*	podrido	*podriedo*

bedrag *4.4, 8.2*	el importe	*el iemportə*
beeld (stand-) *11.1*	la estatua	*la estatoea*
beeldhouwkunst	la escultura	*la eskoeltoera*
been	la pierna	*la pjerna*
beenkap	las polainas para la nieve	*las polajnas para la njebə*
beestje *13.2*	el bicho	*el bietsjo*
beetje, een	un poco	*oen poko*
begaanbaar *5.3*	practicable	*praktiekablə*
beginnen *11.2*	empezar	*empeSar*
beginner *12.3*	el principiante	*el prienSiepjantə*
begrijpen *14.6*	entender	*entender*
begroeten *2.1*	saludar	*saloedar*
beha *10.3*	el sujetador	*el soechetador*
behandeling *13.5*	el tratamiento	*el tratamjento*
beheerder *7.2*	el encargado	*el enkarğado*
bekeuring *14.6*	la multa	*la moelta*
bekijken *11.1*	mirar	*mierar*
Belg *3.1*	el belga	*el belğa*
België *3.11*	Bélgica	*belchieka*
Belgische *3.1*	la belga	*la belğa*
beneden *1.6*	abajo	*aabacho*
benzine *5.5*	la gasolina	*la ğasoliena*
benzinestation *5.5*	la gasolinera	*la ğasolienera*
berg	la montaña	*la montanja*
berghut *11.1*	el refugio	*el refoechjo*
bergschoenen *14.5*	las botas de alpinismo	*las botas də alpieniesmo*
bergsport	el montañismo	*el montanjiesmo*
beroemd *11.1, 11.2*	famoso	*famoso*
beroep *1.9*	la profesión	*la profesieon*
beschadigd *5.2*	dañado, estropeado	*danjado, estropejado*
besmettelijk *13.3*	contagioso	*kontachjoso*
bespreekbureau *11.3*	la reserva de entradas	*la reserba də entradas*
bespreken *11.3*	reservar	*reserbar*
bestek *4.1, 10.1*	los cubiertos	*los koebjertos*
bestellen *4.2, 5.6*	pedir	*pedier*
bestelling *4.2*	el pedido	*el pediedo*
bestemming *5.1, 6.4*	el destino	*el destieno*
betalen *4.3, 6.2, 8.2*	pagar	*pağar*
betekenen	significar	*sieğniefiekar*
beter *13.3*	mejor	*mechor*
betrouwbaar (apparaat)	fiable/seguro	*fieablə/seğoero*
betrouwbaar (persoon)	digno de confianza	*dieğno də konfjanSa*
bevolking	la población	*la poblaSieon*

bewaring, in 5.2	en consigna	*en konsie̯gna*
bewijs (van betaling) 8.2	el recibo	*el reSie̯bo*
bezet 6.1, 6.7	ocupado	*ookoepa̯do*
bezichtigen 11.1	visitar	*biesieta̯r*
bezienswaardigheid 11.1	el punto de interés	*el poe̯nto də iente̯res*
bezoeken 11.1	visitar	*biesieta̯r*
bibliotheek	la biblioteca	*la biebljote̯ka*
bier 4.7	la cerveza	*la Serbe̯Sa*
biet, rode	la remolacha	*la remola̯tsja*
bij (dier) 13.2	la abeja	*la aabe̯cha*
bij 1.6	junto a	*choe̯nto aa*
bijpunten 10.5	cortar las puntas	*korta̯r las poe̯ntas*
bijten 13.2	morder	*morde̯r*
bijvullen 5.5	rellenar	*rejena̯r*
bijzonder 4.5	especial	*espeSie̯al*
bikini 10.3, 12.2	el bikini	*el biekie̯nie*
biljarten	el juego de billar	*el choe-e̯go də bieja̯r*
binnen 1.6, 4.1, 13.3	adentro	*aade̯ntro*
binnenband 5.6	la cámara	*la ka̯mara*
binnenland 6.4	el interior del país	*el ienterie̯or del pai̯es*
biscuit 10.2	la galleta	*la ĝaje̯ta*
bitter 4.4	amargo	*aama̯rĝo*
blaar 13.2	la ampolla	*la ampo̯ja*
blauw	azul	*aaSoe̯l*
blij 2.6	contento	*konte̯nto*
blijven 3.1, 7.1, 11.1	quedarse	*keda̯rsə*
blik 10.2	la lata	*la la̯ta*
bliksem	el rayo	*el ra̯jo*
blocnote (ruitjes, lijntjes)	el bloc (cuadriculado, a rayas)	*el blok (koeadriekoela̯do, aa ra̯jas)*
bloed 13.3	la sangre	*la sa̯ngĝrə*
bloeddruk 13.3	la tensión sanguínea	*la tensie̯on sangĝie̯nea*
bloedneus 13.2	la hemorragia nasal	*la eemorra̯chiea nasa̯l*
bloemkool	la coliflor	*la kolieflo̯r*
blond 14.5	rubio	*roe̯bjo*
blonderen 10.5	teñir de rubio	*tenjie̯r də roe̯bjo*
bloot 12.2	desnudo	*desnoe̯do*
blouse 10.3	la blusa	*la bloe̯sa*
bodymilk	la leche corporal	*la letsjə korpora̯l*
boei 12.2	la boya	*la bo̯ja*
boek 10.1	el libro	*el lie̯bro*
boekhandel 10	la librería	*la liebrerie̯a*
boer	el campesino	*el kampesie̯no*

B

boerderij	la granja	*la ğrancha*
boerin	la campesina	*la kampesiena*
bon (kwitantie) *5.1*	el recibo	*el reSiebo*
bonbon	el bombón	*el bombon*
bonen (witte –) *4.6, 10.1*	las judías blancas	*las choedieas blankas*
boodschap (bericht) *7.3, 9.1*	el recado/mensaje	*el rekado/el mensachə*
boodschappen doen *10.1*	hacer la compra	*aSer la kompra*
boord, aan	a bordo	*aa bordo*
boos *2.6*	enfadado	*enfadado*
boot	el barco	*el barko*
bord (op straat) *5.3*	el cartel	*el kartel*
bord (eten) *4.2*	el plato	*el plato*
borgsom *5.8, 7.5, 8.2, 12.1*	la fianza	*la fjanSa*
borrel *4.1, 4.2*	la copa	*la kopa*
borst	el pecho	*el petjso*
borstel *10.1*	el cepillo	*el Sepiejo*
bot	el hueso	*el oe-eso*
botanische tuin	el jardín botánico	*el chardien botanieko*
boter *4.7*	la mantequilla	*la mantekieja*
botsing *14.6*	el choque	*el tsjokə*
bouillon *4.6*	el caldo	*el kaldo*
boven *1.6, 6.3*	arriba	*arrieba*
bowlen	los bolos	*los bolos*
braken *13.2*	vomitar	*bomietar*
brand *14.3*	el incendio	*el ienSendieo*
brandblusapparaat *7.3, 14.1*	el extintor	*el ekstientor*
branden *13.2*	quemar	*kemar*
brandtrap *7.3, 14.1*	la escalera de incendios	*la eskalera də ienSendieos*
brandweer *14.1*	los bomberos	*los bomberos*
brandwond *13.2*	la quemadura	*la keemadoera*
brandzalf *10.1*	la pomada contra las quemaduras	*la pomada kontra las kemadoeras*
breien *3.5*	hacer punto	*aaSer poento*
breken (been) *13.3*	fracturarse	*fraktoerarsə*
brengen *3.11, 6.7*	llevar	*ljebar*
brief *9.1*	la carta	*la karta*
briefkaart *9.1*	la (tarjeta) postal	*la (tarcheta) postal*
briefpapier *9.1, 10.1*	el papel carta	*el papel karta*
brievenbus *9.1*	el buzón	*el boeSon*
bril	las gafas	*las ğafas*
bril (zonne-)	las gafas (de sol)	*las ğafas (də sol)*

B

C

brochure *11.1*	el folleto	*el fojeto*
broek (korte, lange)	los pantalones (cortos, largos)	*los pantalones (kortos, largos)*
broekje (slipje) *10.1*	las bragas	*las bragas*
broekrok *10.3*	la falda-pantalón	*la falda-pantalon*
broer *3.1*	el hermano	*el ermano*
brommer *5.6*	el ciclomotor	*el Sieklomotor*
bron	la fuente	*la foe-entə*
brood *4.2*	el pan	*el pan*
broodje (ongesmeerd) *4.7*	el panecillo	*el paneSiejo*
broodje (gesmeerd) *4.7*	el bocadillo	*el bokadiejo*
brug	el puente	*el poe-entə*
bruiloft *3.2*	la boda	*la bodа*
bruin	marrón	*marron*
brussels lof *4.6, 10.2*	las endivias	*las endiebias*
buik *13.3*	el vientre	*el bjentrə*
buikpijn *13.2*	el dolor de vientre	*el dolor də bjentrə*
buiten *1.6, 4.1, 13.4*	afuera	*afoe-erа*
buitenband *5.7*	la cubierta	*la koebjerta*
buitenland *9.2*	el extranjero	*el ekstranchero*
buitenlands	extranjero	*ekstranchero*
bungalowpark *7.3*	la urbanización	*la oerbanieSaSieon*
buren *7.4*	los vecinos	*los beSienos*
burgemeester	el alcalde	*el alkaldə*
bus (auto-) *6.1*	el autobús	*el autoboes*
bushalte *6.4*	la parada de autobús	*la parada də autoboes*
business class *6.3*	la clase preferente	*la klasə preferentə*
busje (bestel-) *5.8*	la furgoneta	*la foerĝoneta*
busstation *6.4*	la estación de autobús	*la estaSieon də autoboes*

C

cadeau *10.1*	el regalo	*el regalo*
café *3.7*	el bar	*el bar*
cafeïnevrij *4.7*	sin cafeína	*sien kafee-iena*
camera *10.4*	la cámara	*la kamara*
camper *7.2*	el autocaravana	*el autokarabana*
camping *3.1, 7.2*	el camping	*el kampieng*
campinggas (propaan) *7.2*	el gas propano	*el ĝas propano*
campinggas (butaan) *7.2*	el gas butano	*el ĝas boetano*
caravan *7.2*	la caravana	*la karabana*
casino	el casino	*el kasieno*
cassette (foto) *10.4*	el carrete de cassette	*el karretə də kassɛt*

cassette (muz) *10.1*	la cassette	*la kasset*
catalogus *11.1*	el catálogo	*el katalogo*
cd *10.1*	el compact disc	*el kompakdiesk*
ceintuur *10.3*	el cinturón	*el Sientoeron*
centimeter	centímetro(s)	*Sentiemetro(s)*
centrale verwarming *7.3*	la calefacción central	*la kalefakSieon Sentral*
centrum *6.7*	el centro	*el Sentro*
champagne *4.2, 4.6, 10.2*	el champán/el cava	*el tsjampan/el caba*
chartervlucht *6.5*	el vuelo chárter	*el boe-elo tsjarter*
chauffeur *6.1*	el chófer	*el tsjofer*
chef *4.4*	el jefe	*el chefə*
cheque *8.1*	el cheque	*el tsjekə*
chips	las patatas fritas	*las patatas frietas*
chocolade	el chocolate	*el tsjokolatə*
chocolademelk *4.7*	el chocolate	*el tsjokolatə*
circus *11.2*	el circo	*el Sierko*
cirkel	el círculo	*el Sierkoelo*
citroen	el limón	*el liemon*
cognac *4.2, 4.6, 10.2*	el coñac	*el konjak*
collega *3.1*	el/la colega	*el/la kolega*
compliment *3.8, 4.5*	el cumplido	*el koempliedo*
concert *11.2*	el concierto	*el konSie-erto*
concertgebouw *11.2*	la sala de conciertos	*la sala də konSie-ertos*
condoom *3.9*	el condón	*el kondon*
constipatie *13.2*	el estreñimiento	*el estrenjiemjento*
consulaat *14.6*	el consulado	*el konsoelado*
consult *13.3*	la consulta	*la konsoelta*
contactlens	la lentilla	*la lentieja*
contactlensvloeistof	el líquido para las lentillas	*el liekiedo para las lentiejas*
contactsleutel *5.4*	la llave de contacto	*la ljabə də kontakto*
controleren	controlar	*kontrolar*
correct *4.4, 9.2*	correcto	*korrekto*
corresponderen *3.11*	cartearse	*karteearsə*
couchette *6.3*	la litera	*la lietera*
coupé *6.3*	el compartimiento	*el kompartiemjento*
courgette	el calabacín	*el kalabaSien*
creditcard *8.1*	la tarjeta de crédito	*la tarcheta də kredieto*
crème	la crema	*la krema*
croissant	el croissant	*el kroeasan*

D

daar *1.6*	allí	*ajie*

dag *1.1*	el día	*el dia*
dag (groet) *2.1*	hola	*ola*
dagmenu *4.2*	el menú del día	*el menoe del dia*
dagschotel *4.2*	el plato del día	*el plato del dia*
dal	el valle	*el bajə*
damestoilet *3.2, 4.1*	el servicio para señoras	*el serbieSjo para senjoras*
dammen *3.7*	jugar a las damas	*choeĝar a las damas*
dank u wel *2.4*	gracias	*ĝraSieas*
dansen *2.6, 3.5, 3.7*	bailar	*bajlar*
das (tegen de kou) *10.3*	la bufanda	*la boefanda*
december *1.1*	diciembre	*dieSie-embrə*
deken *7.3*	la manta	*la manta*
denken *3.9*	pensar	*pensar*
deodorant	el desodorante	*el desodorantə*
derde (het derde deel) *1.4*	la tercera parte	*la terSera partə*
dessert *4.6*	el postre	*el postrə*
deur *7.1*	la puerta	*la poe-erta*
dia *10.4*	la diapositiva	*la dieaposietieba*
diabeet *4.2*	el diabético	*el dieabetieko*
diamant *10.1, 14.2*	el diamante	*el dieamantə*
diarree *13.2*	la diarrea	*la diearreea*
dicht *11.1*	cerrado	*Serrado*
dichtbij *1.6*	cerca	*Serka*
dieet *4.2, 13.3*	la dieta	*la die-eeta*
dief *14.1*	el ladrón	*el ladron*
diefstal *14.4*	el robo	*el robo*
dienstregeling *6.4*	el horario	*el oorarieo*
diep *12.2*	hondo	*ondo*
diepvries *10.2*	los productos con- gelados	*los prodoektos kon- chelados*
diepzeeduiken *12.2*	el buceo	*el boeSeeo*
dier	el animal	*el aaniemal*
dierbaar	querido	*keriedo*
dierentuin	el parque zoológico	*el parkə Soo-olochieko*
diesel *5.5*	el gasóleo	*el ĝasoleo*
dieselolie *5.5*	el gasóleo	*el ĝasoleo*
dij	el muslo	*el moeslo*
dik	grueso/gordo	*ĝroe-eso/ĝordo*
diner *7.3*	la cena	*la Sena*
dineren *3.7, 11.2*	cenar	*Senar*
dinsdag *1.1*	el martes	*el martes*
disco *7.4, 11.2*	la discoteca	*la dieskoteka*
dochter *3.1*	la hija	*la iecha*

doe-het-zelfzaak *10*	la tienda de artículos de bricolaje	*la tie-e̱nda də artie̱koelos də briekola̱chə*
doen *3.1*	hacer	*aaSe̱r*
dokter *13.1, 14.1*	el médico	*el me̱edieko*
donderdag *1.1*	el jueves	*el choe-e̱bes*
donker	oscuro	*oskoe̱ro*
dood	muerto	*moe-e̱rto*
dooien *1.5*	deshelar	*desela̱r*
doorslikken *13.4*	tragar	*traga̱r*
doorsturen *7.5*	enviar	*enbiea̱r*
doos *10.2*	la caja	*la ka̱cha*
doperwten *4.6, 10.2*	los guisantes	*los g̱iesa̱ntəs*
dorp	el pueblo	*el poe-e̱blo*
dorst *3.2, 3.6*	la sed	*la se̱*
douane *5.1*	la aduana	*la adoea̱na*
douanecontrole *5.1*	el control de aduanas	*el kontro̱l də adoea̱nas*
douche *7.2, 12.2*	la ducha	*la doe̱tsja*
draad(je) *3.5*	el hilo	*el ie̱lo*
draaien (nummer) *9.2*	marcar	*marka̱r*
drankje (med.) *13.4*	el jarabe, la poción	*el chara̱bə, la poSie-o̱n*
driehoek	el triángulo	*el trieȃng̱oelo*
dringend *9.2, 14.1*	urgente	*oercha̱ntə*
drinken *3.6, 4.2*	beber	*bebe̱r*
drinkwater *7.2*	el agua potable	*el aȃg̱oea pota̱blə*
drogen *10.5*	secar	*seka̱r*
drogist *10*	la droguería	*la drog̱erie̱a*
dromen *3.9*	soñar	*sonja̱r*
droog *3.4*	seco	*se̱ko*
droogshampoo *10.1, 10.5*	el champú seco	*el tsjampoe̱ se̱ko*
droogte	la sequía	*la sekie̱a*
droogtrommel *7.2*	la secadora	*la sekado̱ra*
drop	el regaliz	*el reg̱alie̱S*
druiven	las uvas	*las oe̱bas*
druivensap *4.2, 4.6, 10.2*	el zumo de uvas	*el So̱emo də oe̱bas*
druk (spanning)	la tensión	*la tensie-o̱n*
druk (bn) *7.2*	mucha gente	*moe̱tsja che̱ntə*
drukken	apretar	*apreta̱r*
duidelijk *9.2*	claro	*kla̱ro*
duif	la paloma	*la palo̱ma*
duiken *12.2*	bucear	*boeSea̱r*
duikplank *12.2*	el trampolín	*el trampolie̱n*
duiksport	el buceo	*el boeSe̱o*
duikuitrusting	el equipo de buzo	*el eekie̱po də boe̱So*

De eerste regel bovenaan:

| **doe-het-zelfzaak** *10* | la tienda de artículos de bricolaje | *la tie-e̱nda də artie̱koelos də briekola̱chə* |

D

143

Duits	alemán	*aaleman*
duizelig 13.2	mareado	*mareeado*
dun	fino	*fieno*
duren 5.6, 11.1	durar, tardar	*doerar, tardar*
duur (bn) 10.1	caro	*karo*
duwen 5.6	empujar	*empoechar*

E

eau de toilette	el agua de tocador	*el aağoea də tokador*
eb 12.2	la marea baja	*la mareea bacha*
eczeem	el eczema	*el ekSema*
eenpersoons 7.3	individual	*iendiebiedoeal*
eenrichtingsverkeer 5.3	la dirección única	*la dierekSieon oenieka*
eenvoudig 10.1	sencillo	*senSiejo*
eergisteren 1.1	anteayer	*antəaajer*
eerlijk	sincero	*sienSero*
eerste hulp 14.1	los primeros auxilios	*los priemeeros auksielios*
eerste 1.4	primero	*priemero*
eerste klas 6.3	la primera clase	*la priemeera klasə*
eetzaal 7.3	el comedor	*el komedor*
ei 4.7	el huevo	*el oe-ebo*
eigenlijk	en realidad	*en reealieda*
eiland	la isla	*la iesla*
eindpunt 11.1	el punto final	*el poento fienal*
elastiekje	la goma elástica	*la ğoma eelastieka*
elektriciteitsaansluiting 7.2	la toma de corriente	*la toma də korrjentə*
elektrisch 7.1, 10.1	eléctrico	*eelektrieko*
emmer 7.2, 10.1	el cubo	*el koebo*
Engels	inglés	*iengğles*
enkel 13.2	el tobillo	*el tobiejo*
enkele reis (kaartje) 6.3	el billete sencillo/de ida	*el biejetə senSiejo/də ieda*
entree 11.2	la entrada	*la entrada*
envelop 10.1	el sobre	*el sobrə*
erg (ernstig) 13.2, 14.1	grave	*ğrabe*
ergens 1.6	en alguna parte	*en alğoena partə*
ernstig 13.3	grave	*ğrabə*
escortguide 11.2	la call-girl, el call-boy	*la kolğel, el kolboj*
etalage 10.3	el escaparate	*el eskaparatə*
eten 3.7, 4.2	comer	*komer*
etmaal 13.4	las 24 horas	*las beintiekoeatro ooras*
euro	el euro	*el uiro*
evenement	el acontecimiento	*el aakonteSiemjento*
excursie 11.1	la excursión organizada	*la ekskoersieon orğaniSa-da*

excuses 2.5	las disculpas	*las diskoelpas*
eyeliner	el lápiz de ojos	*el lapieS də oochos*

F

fabriek 10.1, 11.1	la fábrica	*la fabrieka*
familie 3.1	los parientes	*los parjentes*
faxen 9.1	enviar un fax	*enbiear oen faks*
februari 1.1	febrero	*febrero*
feest 3.3, 11.1	la fiesta	*la fie-esta*
feestdag 1.2	el día de fiesta	*el diea də fjesta*
feestje 3.7	la fiesta	*la fjesta*
feestvieren 3.3	celebrar una fiesta	*Selebrar oena fie-esta*
feliciteren 3.3	felicitar	*felieSietar*
fiets 5.7	la bicicleta	*la bieSiekleta*
fietsen	montar en bicicleta	*montar en bieSiekleta*
fietsenmaker 5.7	el mecánico de bicicletas	*el mekanieko də bie-Siekletas*
fietspomp 5.7	el inflador	*el ienflador*
fietszitje 5.7	el sillín para niños	*el siejien para nienjos*
fijn 2.6	bien	*bjen*
film 3.5, 10.4, 11.2	la película	*la peliekoela*
filmcamera 10.4, 14.2	la filmadora	*la fielmadora*
filter	el filtro	*el fieltro*
fitnesscentrum	el gimnasio	*el chiemnasieo*
fitnesstraining	la gimnasia	*la chiemnasiea*
flat	el piso	*el pieso*
flauw (eten) 4.4	soso	*soso*
flauwekul 2.6	tontería(s)	*tonteriea(s)*
fles (voor baby)	el biberón	*el bieberon*
fles 4.2, 5.1, 10.2	la botella	*la boteja*
flessenwarmer 4.1	el calentador de biberones	*el kalentador də bieberones*
flitsblokje 10.4	el cuboflash	*el koeboflasj*
flitser 10.4	el flash	*el flasj*
flitslampje 10.4	el flash	*el flasj*
föhnen 10.5	secar a mano	*sekar aa mano*
folkloristisch	folclórico	*folklorieko*
fontein	la fuente	*la foe-entə*
fooi 4.3	la propina	*la propiena*
forel	la trucha	*la troetsja*
formulier 1.9, 9.1	el formulario	*el formoelarieo*
fort 11.1	la fortificación	*la fortiefiekaSieon*
foto 3.2	la foto	*la foto*

fotograferen 3.5, 11.1	fotografiar, sacar fotos	*fotoğrafjar, sakar fotos*
fotokopie 9.1	la fotocopia	*la fotokopja*
fotokopiëren 9.1	fotocopiar	*fotokopjar*
fototoestel 10.4, 14.2, 14.4	la máquina fotográfica	*la makiena fotoğrafieka*
fout (zn) 4.4	el error	*el error*
frambozen 4.6, 10.2	las frambuesas	*las framboe-esas*
frank 8.1	el franco (belga)	*el franko (belğa)*
Frans	francés	*franSes*
frisdrank 4.7	el refresco, la bebida sin alcohol	*el refresko, la bebieda sien alkol*
fruit 4.7	la fruta	*la froeta*

G

gaan	ir	*ier*
gaar 4.4	hecho	*etsjo*
galerie	la galería de arte	*la ğaleriea də artə*
gang (in gebouw) 7.4	el pasillo	*el pasiejo*
garage 5.6	el taller mecánico	*el tajer mekanieko*
garderobe 11.2	el guardarropa	*el ğoeardaropa*
garen 3.5	el hilo	*el ielo*
garnalen 4.6, 10.2	las gambas	*las ğambas*
gastvrijheid 3.11, 7.5	la hospitalidad	*la ospietalieda*
gauw 2.1, 3.11	pronto	*pronto*
gebakje	el pastel	*el pastel*
gebakken 4.2	frito	*frieto*
geboren 3.1	nacido	*naSiedo*
gebouw	el edificio	*el ediefieSieo*
gebraden 4.2	asado	*asado*
gebruikelijk	habitual	*aabietoeal*
gebruiken 13.4	emplear, usar	*empleear, oesar*
gebruiksaanwijzing 10.1	las instrucciones	*las ienstroekSieones*
gedistilleerd water 5.4	el agua destilada	*el aağoea destielada*
gedurende 13.4	durante	*doerantə*
geel	amarillo	*aamariejo*
gegevens 14.3	los datos	*los datos*
gehakt	la carne picada	*la karnə piekada*
gehoorapparaat	el audífono	*el audiefono*
geitenkaas	el queso de cabra	*el keso də kabra*
gekoeld 10.2	refrigerado	*refriecherado*
gekookt 4.2	cocido	*koSiedo*
gekruid 4.2	picante	*piekantə*
gel 10.5	el gel	*el chel*

geld *8.1*	el dinero	*el dien̯ero*
geldig *6.1*	válido	*baalido*
geloof	la religión	*la reliechi̯on*
geluk *2.1*	la suerte	*la soe-ertə*
gemakkelijk	fácil	*faSiel*
gember *4.6, 10.2*	el jengibre	*el chenchi̯ebrə*
geneesmiddel *13.4*	el medicamento	*el mediekamento*
genieten *3.11*	disfrutar	*diesfroetar*
genoegen *2.4*	el placer	*el plaSer*
gepensioneerd *3.2*	jubilado	*choebielado*
gerecht *4.4*	el plato	*el plato*
gereedschap	las herramientas	*las errami̯entas*
gereserveerd *6.1*	reservado	*reserbado*
gerookt *4.2*	ahumado	*aoemado*
geroosterd *4.2*	tostado	*tostado*
gescheiden *3.1*	divorciado	*dieborSi̯ado*
geschenk *10.1*	el regalo	*el reĝalo*
geslachtsziekte *3.9, 13.3*	la enfermedad venérea	*la enfermeda benereea*
gesprek (– in) *9.2*	comunicando	*komoeniekando*
gestoofd *4.2*	estofado	*estofado*
getrouwd *3.1*	casado	*kasado*
getuige *14.3*	el testigo	*el testi̯eĝo*
gevaar *14.1*	el peligro	*el peli̯eĝro*
gevaarlijk *1.7, 14.1*	peligroso	*peli̯eĝroso*
gevarendriehoek *5.6*	el triángulo reflectante	*el tri̯anĝĝoelo reflektantə*
gevogelte *4.2*	las aves	*las abes*
gevonden voorwerpen *14.1*	los objetos perdidos	*los obchetos perdi̯edos*
gewond *14.3*	herido	*eeri̯edo*
gewoon	corriente	*korri̯entə*
gezellig *2.6*	agradable	*aaĝradablə*
gezicht (gelaat)	la cara	*la kara*
gezin *3.1, 7.1*	la familia	*la fami̯elja*
gezondheid *13.3*	la salud	*la saloed*
gids (persoon) *11.1*	el/la guía	*el/la ĝiea*
gids (boekje) *11.1*	la guía	*la ĝiea*
gif *13.2*	el veneno	*el beneno*
girobetaalkaart *8.1, 9.1*	el cheque postal	*el tsjekə postal*
giropasje *8.1*	la tarjeta de la caja postal	*la tarcheeta də la kacha postal*
gisteren *1.1*	ayer	*ajer*
glas (voor wijn) *4.2*	la copa	*la kopa*
glas (zonder voet) *4.2*	el vaso	*el baso*
gletsjer	el glaciar	*el ĝlaSi̯ear*

G

godsdienst	la religión	la reliechjon
goed 2.1, 2.6	bien, bueno	bjen, boe-eno
goedemiddag 2.1	buenas tardes (na 14 uur)	boe-enas tardes
goedemorgen 2.1	buenos días (tot 14 uur)	boe-enos dieas
goedenacht 2.1	buenas noches	boe-enas notsjes
goedenavond (voor 21 uur) 2.1	buenas tardes	boe-enas tardes
goedenavond (na 21 uur) 2.1	buenas noches	boe-enas notsjes
goedendag 2.1	buenos días	boe-enos dieas
goedkoop 10.1	barato	barato
golfbaan 12.1	la cancha de golf	la kantsja də ĝolf
golfen 12.1	el golf	el ĝolf
golfslagbad 12.2	la piscina con oleaje	la piesSiena kon oo-leeachə
goud	el oro	el ooro
graag 2.4, 4.2	con (mucho) gusto	kon (moetsjo) ĝoesto
graden 1.5, 13.2	los grados	los ĝrados
graf	la tumba	la toemba
gram 10.2	el gramo	el ĝramo
grap	la broma	la broma
grapefruit	el pomelo	el pomelo
gratis 11.1, 11.3	gratuito	ĝratoe-ieto
grens 5.1	la frontera	la frontera
griep 13.3	la gripe	la ĝriepə
grijs (haar) 14.5	canoso	kanoso
grijs	gris	ĝries
grilleren 4.2	asar a la parrilla	asar a la parrieja
groen	verde	berdə
groene kaart 5.4	la tarjeta verde	la tarcheta berdə
groente 4.7	la verdura	la berdoera
groentesoep 4.6	la sopa de verduras	la sopa də berdoeras
groep 11.1	el grupo	el ĝroepo
groeten, de 2.1, 3.11	recuerdos	rekoe-erdos
grond	la tierra	la tie-erra
groot 10.1	grande	grandə
groothoeklens	el objetivo gran angular	el obchetiebo ĝran anĝoelar
grot	la gruta	la ĝroeta
grote weg	la carretera principal	la karreteera prien-Siepal
gulden 8.1	el florín	el florien

haai *4.6, 12.2*	el tiburón	*el tieboeron*
haar *10.5, 14.5*	el pelo	*el pelo*
haarborstel	el cepillo para el pelo	*el Sepiejo para el pelo*
haarlak *10.1, 10.5*	la laca para el pelo	*la laka para el pelo*
haarspelden *10.1, 10.5*	las horquillas	*las orkiejas*
haast (zn) *6.7, 7.5, 13.5*	la prisa	*la priesa*
hak *10.3*	el tacón	*el takon*
halen *3.10, 5.6*	(ir a) buscar	*(ier aa) boeskar*
half *1.4*	medio, media	*medieo, medica*
halfvol (v. melk) *10.2*	semidesnatado	*semiedesnatado*
halfvol (halfleeg)	lleno hasta la mitad	*ljeno asta la mieta*
hallo *2.1*	hola	*ola*
halte *6.1*	la parada	*la parada*
ham (gekookt)	el jamón de York	*el chamon də jork*
ham (rauw)	el jamón (serrano)	*el chamon (serrano)*
hamer	el martillo	*el martiejo*
hand	la mano	*la mano*
handdoek *7.3*	la toalla	*la toaja*
handgemaakt *10.1*	hecho a mano	*etsjo a mano*
handrem *5.4*	el freno de mano	*el freno də mano*
handschoen *10.3*	el guante	*el ĝoeantə*
handtas	el bolso de mano	*el bolso də mano*
handtekening *8.1*	la firma	*la fierma*
hard (niet zacht) *7.2*	duro	*doero*
hard (spreken) *9.2*	alto	*alto*
haring (vis)	el arenque	*el aarenkə*
haring (tent-) *7.2*	la estaca	*la estaka*
hart	el corazón	*el koraSon*
hartelijk *2.4*	cordial	*kordieal*
hartig *4.2*	salado	*salado*
hartpatiënt *13.3*	el enfermo cardíaco	*el enfermo kardieako*
haven	el puerto	*el poe-erto*
hazelnoot	la avellana	*la abejana*
hechten (med) *13.3*	suturar	*soetoerar*
hechting *13.3*	el punto	*el poento*
heerlijk *2.6, 4.5*	delicioso	*delieSieoso*
heimwee	la nostalgia	*la nostalchiea*
hek *7.1*	la verja	*la bercha*
helemaal	del todo	*dəl todo*
helft *1.4*	la mitad	*la mieta*
helm *5*	el casco	*el kasko*
helpen *2.2, 3.2, 14.1*	ayudar	*aajoedar*

hemd 10.3	la camiseta	la kamieseta
hengel 12.2	la caña de pescar	la kanja də peskar
herfst 1.1	el otoño	el ootonjo
herhalen	repetir	repetier
hersenschudding 13.2	la conmoción cerebral	la konmoSieon Serebral
heten 3.1	llamarse	ljamarsə
hetzelfde 4.2	lo mismo	lo miesmo
heup 13.2	la cadera	la kadera
hiel	el talón	el talon
hier 1.6	aquí	aakie
hobby 3.5	el hobby	el chobie
hoe ver? 2.2	¿a qué distancia?	aa ke diestanSiea?
hoe? 2.2	¿cómo?	komo?
hoed	el sombrero	el sombrero
hoek (binnen) 4.1	el rincón	el riengkon
hoe lang? 2.2	¿cuánto?	koeanto?
hoest 13.2	la tos	la tos
hoestdrank 13.4	el jarabe para la tos	el charabə para la tos
hoeveel? 2.2	¿cuánto?	koeanto?
hond 13.2	el perro	el perro
honger 4.1	el hambre/el apetito	el ambrə/el apetieto
honing 4.7	la miel	la mjel
hoofd	la cabeza	la kabeSa
hoofdpijn 13.2	el dolor de cabeza	el dolor də kabeSa
hoofdpostkantoor 9.1	la oficina central de Correos	la oofieSiena Sentral də korreeos
hoog 10.3	alto	alto
hooikoorts 13.2	la fiebre del heno	la fjebrə del eeno
horizontaal 7.2	horizontal	oorieSontal
hotel 3.1, 6.7, 7.3	el hotel	el ootel
houdbaar 10.2	conservable	konserbablə
houden van (iets) 2.6, 3.5	gustar	ĝoestar
houden van (iem) 3.9	querer	kerer
hout	la madera	la madera
huid	la piel	la pjel
huilen	llorar	ljorar
huis 3.1, 3.11	la casa	la kasa
huisdieren 7.1	los animales domésticos	los aaniemales domestiekos
huishoudelijke artikelen 10	los artículos del hogar	los artiekoelos del ooĝar
huisje (vakantie-) 7.3	el chalet	el tsjale
huisvrouw 3.1	el ama de casa	el aama də kasa

hulp 5.6, 14.1	la ayuda	*la aajoeda*
huren 5.8, 7.2, 12.1	alquilar	*alkielar*
hut (niet op schip) 7.2	la cabaña	*la kabanja*
hut (op schip) 6.3	el camarote	*el kamarotə*
huur (te –)	se alquila	*se alkiela*
huwelijk	el matrimonio	*el matrimonjo*
huwelijk (bruiloft)	la boda	*la boda*
hyperventilatie 13.2	la hiperventilación	*la ieperventielaSieon*

idee 3.7	la idea	*la iedeea*
identificeren 5.1, 8.1	identificar	*iedentiefiekar*
identiteitsbewijs 1.9	el carnet de identidad	*el karne də iedentieda*
iemand	alguien	*algjen*
ijs (consumptie-) 4.7	el helado	*el eelado*
ijsblokjes 4.7	los cubitos de hielo	*los koebietos de jelo*
ijzer	el hierro	*el jerro*
imperiaal	la baca	*la baka*
in 1.6	en	*en*
inbegrepen 4.3, 5.8	incluido	*ienkloe-iedo*
inbraak 14.4	el robo con fractura	*el robo kon fraktoera*
inchecken 6.5	facturar	*faktoerar*
inclusief 7.1	incluido	*ienkloe-iedo*
indrukken 3.2	apretar	*aapretar*
inenten 13.3	vacunarse	*bakoenarsə*
infectie (virus-, bacterie-) 13.3	la infección (vírica, bacteriana)	*la ienfekSieon (bierieka, bakterieana)*
informatie 11.1	la información	*la ienformaSieon*
inhaalverbod 5.3	la prohibición de adelantar	*proiebieSieon də adelantar*
inhalen	adelantar	*adelantar*
injectie 13.4	la inyección	*la ienjekSieon*
inlegkruisje	el protegeslip	*el protechesliep*
inlegzool 10.3	la plantilla	*la plantieja*
inlichting 6.4	la información	*la ienformaSieon*
inlichtingenbureau 6.4	la oficina de información	*la oofieSiena də ienformaSieon*
innemen 13.4	tomar	*tomar*
inpakken 10.1	envolver	*enbolber*
insect 7.4, 13.2	el insecto	*el iensekto*
insectenbeet 13.2	la picadura de insecto	*la piekadoera də iensekto*
insgelijks 2.1	igualmente	*iegoealmentə*
interlokaal 9.2	interurbano	*ienteroerbano*

internationaal 9.2	internacional	*ienternaSieonal*
invalide	el minusválido	*el mienoesbaliedo*
invoerrechten 5.1	los derechos de aduana	*los deretsjos də aadoeana*
invullen 1.9, 8.1	rellenar	*rejenar*
Italiaans	italiano	*ietaljano*

J

ja 2.3	sí	*sie*
jaar 1.1, 3.1	el año	*el anjo*
jacht (schip) 12.2	el yate	*el jatə*
jachthaven 12.2	el puerto deportivo	*el poe-erto deportiebo*
jam 4.7	la mermelada	*la mermelada*
jammer 2.6	lástima	*lastiema*
januari 1.1	enero	*eenero*
jarig (zijn)	cumplir años	*koemplier anjos*
jas 3.4, 10.3	el abrigo	*el aabriego*
jasje 10.3	la chaqueta	*la tsjaketa*
jeugdherberg 7.1	el albergue juvenil	*el albergə choebeniel*
jeuk 13.2	la picazón	*la piekaSon*
jodium 13.4	el yodo	*el jodo*
joggen 12.1	hacer footing	*aaSer foetieng*
jongen 3.8	el chico	*el tsjieko*
juli 1.1	julio	*choeljo*
juni 1.1	junio	*choenjo*
jurk 10.3	el vestido	*el bestiedo*
juwelier 10	la joyería	*la chojeriea*

K

kaak 13.5	la mandíbula	*la mandieboela*
kaars 10.1	la vela	*la bela*
kaart 5.0	el mapa	*el mapa*
kaartje (voor transport) 6.3	el billete	*el biejetə*
kaartje (toegang) 11.3	la entrada	*la entrada*
kaas (oude, jonge) 4.7	el queso (añejo, blan-do)	*el keso (aanjecho, blando)*
kabeljauw	el bacalao (fresco)	*el bakalao (fresko)*
kakkerlak 7.4	la cucaracha	*la koekaratsja*
kalfsvlees 4.6	la carne de ternera	*la karnə də terneera*
kalmeringsmiddel 13.4	el calmante	*el kalmantə*
kam	el peine	*el peinə*
kamer 7.3	la habitación	*la aabietaSieon*
kamermeisje 7.3	la camarera	*la camarera*

Dutch	Spanish	Pronunciation
kamernummer 7.3	el número de la habitación	el n<u>oe</u>mero de la abieta-Si<u>eo</u>n
kampeergids 7.2	la guía de camping	la g<u>ie</u>a də k<u>a</u>mpieng
kampeerterrein 7.2	el camping	el k<u>a</u>mpieng
kampeervergunning 7.2	el permiso de acampar	el perm<u>ie</u>so də aakamp<u>a</u>r
kamperen 7.2	acampar	aakamp<u>a</u>r
kampvuur 7.2	la fogata	la fo<u>ga</u>ta
kampwinkel 7.2	la tienda del camping	la tie-<u>e</u>nda del k<u>a</u>mpieng
kano 12.2	la piragua	la piera<u>go</u>ea
kanoën 12.2	el piragüismo	el piera<u>go</u>ei<u>e</u>smo
kant (richting) 5, 6.4	el lado	el l<u>a</u>do
kant (stof) 10.1	el encaje	el enk<u>a</u>chə
kantoor	la oficina	la ofieSi<u>e</u>na
kapel 11.1	la capilla	la kapi<u>e</u>ja
kapot 4.4, 10.4	roto, estropeado	r<u>o</u>to, estrope<u>a</u>do
kapper (dames, heren) 10	la peluquería (de señoras, caballeros)	la peloeker<u>ie</u>a (də senj<u>o</u>ras, kabaj<u>e</u>ros)
karaf 4.2	la jarra	la ch<u>a</u>rra
kassa 8.2, 10.1	la caja	la k<u>a</u>cha
kassabon 8.2, 10.1	el tíquet, el vale	el ti<u>e</u>ke, el b<u>aa</u>lə
kasteel 11.1	el castillo	el kasti<u>e</u>jo
kat	el gato	el g<u>a</u>to
kathedraal 11.1	la catedral	la katedr<u>a</u>l
katoen 10.3	el algodón	el algod<u>o</u>n
kauwgum	el chicle	el tsj<u>ie</u>klə
keel 13.2	la garganta	la garg<u>a</u>nta
keelpastilles	las pastillas para la garganta	las pasti<u>e</u>jas p<u>a</u>ra la garg<u>a</u>nta
keelpijn 13.2	el dolor de garganta	el dol<u>o</u>r də garg<u>a</u>nta
keer 13.4	la vez	la beS
kengetal 9.2	el prefijo	el prefi<u>e</u>cho
kentekenbewijs 5.1	el permiso de circulación	el perm<u>ie</u>so də Sierkoela-Si<u>eo</u>n
kerk 11.1	la iglesia	la ie<u>gle</u>siea
kerkdienst	el servicio religioso	el serbi<u>e</u>Sieo reliechj<u>o</u>so
kerkhof	el cementerio	el Sement<u>e</u>rieo
kermis	la feria	la f<u>e</u>riea
kersen (vers)	las cerezas	las Serg<u>Sa</u>s
ketting 10.1	la cadena	la kad<u>e</u>na
keuken 7.4	la cocina	la koSi<u>e</u>na
kies 13.5	la muela	la moe-<u>e</u>la
kiespijn 13.5	el dolor de muelas	el dol<u>o</u>r də moe-<u>e</u>las
kiezen	elegir/escoger	eelechi<u>e</u>r/eskoch<u>e</u>r

K

kijken	mirar	*mierar*
kilo *10.2*	el kilo	*el kielo*
kilometer	kilómetro(s)	*kielometro(s)*
kilometerteller *5.4*	el cuentakilómetros	*el koe-entakielometros*
kin	la barbilla	*la barbieja*
kind (eigen) *3.1*	el hijo	*el iecho*
kind *11.1, 14*	el niño	*el nienjo*
kinderbedje *7.3*	la camita para niños	*la kamieta para nienjos*
kinderstoel *4.1*	la silla para niños	*la sieja para nienjos*
kinderwagen *7.3*	el cochecito	*el kotsjeSieto*
kiosk *10*	el quiosco	*el kieosko*
kip	el pollo	*el pojo*
klaar *5.6*	listo	*liesto*
klacht (pijn) *13.2*	la molestia	*la molestia*
klacht *5.2, 7.4*	la queja	*la kecha*
klachtenboek *4.4*	el libro de reclamaciones	*el liebro də reklamaSieo-nes*
klassiek concert	el concierto de música clásica	*el konSie-erto də moesie-ka klasieka*
kleding *10.3*	la ropa	*la ropa*
kledingstuk *10.3*	la prenda	*la prenda*
kleerhanger *7.3*	la percha	*la pertsja*
klein *10.1*	pequeño	*pekenjo*
kleingeld *8.1*	el dinero suelto	*el dienero soe-elto*
kleinkind *3.1*	el nieto	*el njeto*
kleren *10.3*	la ropa	*la ropa*
kleur	el color	*el kolor*
kleurboek	el libro para colorear	*el liebro para koloreear*
kleuren-tv *7.3*	el televisor color	*el telebiesor kolor*
kleurpotloden	los lápices de colores	*los lapieSes də kolores*
klok *1.3*	el reloj	*el reloch*
klontjes (suiker) *4.2, 10.2*	los terrones de azúcar	*los terronəs də aSoekar*
klooster *11.1*	el convento	*el konbento*
kluis (in hotel) *7.2*	la caja fuerte	*la kacha foe-ertə*
kluis (bagage) *5.2*	la consigna (automática)	*la konsiegña (auto-matieka)*
kneuzen *13.3*	contusionarse	*kontoesieonarsə*
knie *13.2*	la rodilla	*la rodieja*
kniekousen *10.3*	las medias cortas	*las medieas kortas*
knippen *10.5*	cortar	*kortar*
knoop (aan jas)	el botón	*el boton*
knop(je) *3.2, 5.8*	el botón	*el boton*
knuffelbeest	el animal de peluche	*el aaniemal də peloetsjə*

koekenpan *7.3, 10.1*	la sartén	*la sartén*
koekjes	las galletas	*las gajetas*
koelkast *7.4*	el refrigerador	*el refriecherador*
koers (geld) *8.1*	la cotización	*la kotiSaSieon*
koffer *5.1, 5.2*	la maleta	*la maleta*
koffie *4.7*	el café	*el kafe*
koffiefilter	el filtro de café	*el fieltro də kafe*
koffiemelk	la crema para el café	*la krema para el kafe*
kok *4.5*	el cocinero	*el koSienero*
koken *3.8*	cocinar	*koSienar*
komen *3.1*	venir	*benier*
komkommer	el pepino	*el pepieno*
koning	el rey	*el rei*
koningin	la reina	*la reina*
kool	la col	*la kol*
koorts *13.2*	la fiebre	*la fiebrə*
kopen *11.1*	comprar	*komprar*
koper (metaal)	el cobre	*el kobrə*
kopie *9.1*	la copia	*la kopja*
kopieerapparaat *9.1*	la fotocopiadora	*la fotokopieadora*
kopje *4.2*	la taza	*la taSa*
kort *10.5*	corto	*korto*
korting *10.1*	el descuento	*el deskoe-ento*
kortsluiting *7.3*	el cortocircuito	*el kortoSierkoe-ieto*
kostbaar *14.2*	costoso	*kostoso*
kostuum *10.3*	el traje	*el trachə*
kotelet *4.6, 10.2*	la chuleta	*la tsjoeleta*
kotszakje *6.5*	bolsita para el mareo	*bolsieta para el mareo*
koud *1.5, 4.4*	frío	*frieo*
kousen *10.3*	las medias	*las medieas*
kraan *7.4*	el grifo	*el griefo*
kraanwater *7.2*	el agua de grifo	*el aagoea də griefo*
krab *4.6*	el cangrejo	*el kanggrecho*
krampen in buik *13.2*	los retortijones	*los retortiechones*
krampen in spieren	los calambres (en los músculos)	*los kalambres (en los moeskoelos)*
krant	el periódico	*el perieodieko*
kreeft *4.6*	la langosta	*la langosta*
krik *5.6*	el gato	*el gato*
kropsla *4.6, 10.2*	la lechuga	*la letsjoega*
kruiden *4.2*	los condimentos	*los kondiementos*
kruidenier *10*	la tienda de comestibles	*la tie-enda də komestiebles*
kruidenthee *4.7*	la infusión	*la ienfoesieon*

K

kruier 5.2	el mozo de cuerda	el _mo_So də koe-_e_rda
kruik	la bolsa de agua calien-	la _bo_lsa də _aaĝo_ea
	te	kal_jẹ_ntə
kruising, kruispunt 5.3	el cruce	el kroe_S_ə
krullend 14.5	rizado	rieS_a_do
kubieke meter	metro(s) cúbico(s)	_me_tro(s) _koe_bieko(s)
kunst 10.1, 11.1	el arte	el _a_rtə
kunstgebit 13.5	la dentadura postiza	la dentad_oe_ra postie_S_a
kunstmatige ademhaling 14.3	la respiración artificial	la respiera_S_ieon artiefie-_S_ieal
kunstnijverheid	la artesanía	la artesa_nie_a
kurkentrekker 7.2	el sacacorchos	el sakak_o_rtsjos
kus 3.9	el beso	el b_e_so
kussen (ww) 3.9	besar	bes_a_r
kussen (het) 7.3, 7.4	la almohada	la almo_a_da
kussensloop 7.4	la funda de almohada	la _foe_nda də almo_a_da
kussentje	el cojín	el koch_ie_n
kuur 13.4	la cura	la k_oe_ra
kwal 12.2, 13.2	la medusa	la med_oe_sa
kwalijk nemen 2.5	tomar a mal	tom_a_r aa mal
kwart 1.4	la cuarta parte	la ko_e_arta p_a_rtə
kwartier 1.3	el cuarto de hora	el ko_e_arto də _oo_ra
kwijt 14.6	perdido	perd_ie_do
kwitantie 5.6, 8.2	el recibo	el re_S_ie_bo

L

laag 10.3	bajo	b_a_cho
laat 1.3	tarde	t_a_rdə
laatste 6.4	último	_oe_ltiemo
lachen 3.9	reír	ree-_ie_r
laken 7.3	la sábana	la s_a_bana
lamp 7.4	la lámpara	la l_a_mpara
land	el país	el pa_ie_s
landen 6.5	aterrizar	aterrie_S_ar
landkaart 5.0	el mapa	el m_a_pa
landnummer 9.2	el indicativo del país	el iendiekatie_bo_ del pa_aie_s
lang 10.5	largo	l_a_rĝo
langlaufen 12.3	el esquí de fondo	el eski_e_ də _fo_ndo
langlaufloipe 12.3	la pista de esquí de fondo	la p_ie_sta də eski_e_ də _fo_ndo
langzaam 6.7	despacio	despa_S_ieo
last 13.2	la molestia	la mol_e_stiea
lawaai 7.4	el ruido	el roe-_ie_do

lawine *12.3*	el alud	*el aaloe*
laxeermiddel *13.4*	el laxante	*el laksantə*
lederwaren *10.1*	los artículos de piel	*los artiekoelos də pjel*
leeftijd *11.2*	la edad	*la eeda*
leeg	vacío	*baSieo*
leer *10.3*	la piel, el cuero	*la pjel, el koe-ero*
leidingwater *7.2*	el agua de grifo	*el aaǧoea də ǧriefo*
lek (van band) *5.6*	pinchado	*pientsjado*
lekker *4.5*	delicioso	*delieSieoso*
lelijk *11.1*	feo	*feo*
lenen *14.6*	prestar	*prestar*
lens *10.4*	el objetivo	*el obchetiebo*
lente *1.1*	la primavera	*la priemabera*
lepel *4.2*	la cuchara	*la koetsjara*
lepel (vol) *13.4*	la cucharada	*la koetsjarada*
les *12.1*	la clase	*la klasə*
leuk vinden *3.1*	gustar	*ǧoestar*
leuk *2.6, 3.8, 10.1*	bonito, mono	*bonieto, mono*
levensmiddelen *10.2*	los víveres	*los bieberes*
lezen *3.5*	leer	*lee-er*
lichaam	el cuerpo	*el koe-erpo*
licht (tabak)	rubio	*roebjo*
licht (niet donker)	claro	*klaro*
licht (niet zwaar)	ligero	*liechero*
lidmaatschap *11.2*	el ser socio	*el ser soSieo*
lief *3.8*	bueno	*boe-eno*
liefde *3.9*	el amor	*el amor*
liegen	mentir	*mentier*
liever hebben	preferir	*preferier*
lift (stoeltjes-) *12.3*	el telesquí, el telesilla	*el teleskie, el telesieja*
lift (met auto) *5.9*	el viaje (en autostop)	*el bjachə (en autostop)*
lift (in gebouw) *7.3*	el ascensor	*el aSensor*
liften *5.9*	hacer autostop	*aaSer autostop*
liggen *13.3*	estar tumbado	*estar toembado*
ligstoel *12.2*	la tumbona	*la toembona*
lijm	la cola	*la kola*
lijn	la línea	*la lienea*
limonade *4.6, 10.2*	la limonada	*la liemonada*
links *1.6*	izquierda	*ieSkie-erda*
linksaf *5.0*	a la izquierda	*aa la ieSkie-erda*
linnen *10.3*	el lino	*el lieno*
linzen *4.6, 10.2*	las lentejas	*las lentechas*
lippenstift	la barra de labios	*la barra də labjos*

M

liter 5.5	el litro	el li̱etro
literatuur	la literatura	la lieterato̱era
loge 11.3	el palco	el pa̱lko
logeren 3.1	alojarse	aalocha̱rsə
loket 9.1	la ventanilla	la bentani̱eja
longen 13.2	los pulmones	los poelmo̱nes
loodvrij 5.5	sin plomo	sien plo̱mo
loopski's 12.3	los esquís de fondo	los eski̱es də fo̱ndo
lopen 3.7	ir (andando)	ier (anda̱ndo)
lotion 10.5	la loción	la loSie̱on
LPG 5.5	GLP #	che-ellə-pe
luchtbed 7.2	el colchón neumático	el koltsjo̱n ne-oema̱tieko
luchthaven 6.5	el aeropuerto	el a-eropoe̱-erto
luchtpost/per .. 9.1	el correo aéreo/vía aérea	el korre̱o a-e̱reo/bi̱ea ae̱rea
lucifers 4.2	las cerillas	las Serie̱jas
luier	el pañal	el panja̱l
luisteren	escuchar	eskoetsja̱r
lukken 2.6	salir bien	salie̱r bjen
lunch 7.3, 13.4	el almuerzo, la comida	el almoe-e̱rSo, la komie̱da
lunchpakket 7.3	el paquete con boca-dillos	el pake̱tə kon bokadie̱jos
lusten 2.6	gustar	ĝoesta̱r

M

maag 13.2	el estómago	el estoma̱ĝo
maag- en darmstoornis 13.2	el trastorno estomacal e intestinal	el trasto̱rno estomaka̱l ee ientestina̱l
maagpijn 13.2	el dolor de estómago	el dolor də estoma̱ĝo
maal (keer) 13.4	la vez	la beS
maaltijd 13.4	la comida	la komie̱da
maand 1.1	el mes	el mes
maandag 1.1	el lunes	el lo̱enes
maandverband	la compresa	la kompre̱sa
maart 1.1	marzo	ma̱rSo
maat (schoenen) 10.3	el número	el no̱emero
maat (kleding) 10.3	la talla	la ta̱ja
macaroni	los macarrones	los makarro̱nes
mager	flaco	fla̱ko
maillot 10.3	el leotardo	el leeota̱rdo
maïs 4.6, 10.2	el maíz	el ma-ie̱S
maïzena 10.2	la maicena	la ma-ieSe̱na
maken (foto) 3.2	sacar	saka̱r

mals *4.2*	tierno	*tie-erno*
man (echtgenoot) *3.1*	el marido	*el mariedo*
man	el hombre	*el ombrə*
manchetknopen *10.3*	los gemelos	*los chemelos*
mandarijn	la mandarina	*la mandariena*
manege	el picadero	*el piekadero*
manicure *10.5*	la manicura	*la maniekoera*
margarine	la margarina	*la marĝariena*
markt *10*	el mercado	*el merkado*
marmer	el mármol	*el marmol*
massage (foto) *10.5*	el masaje	*el masachə*
mat (foto) *10.4*	mate	*matə*
maximumsnelheid *5.3*	la velocidad máxima	*la beloSiedą maksiema*
mayonaise *4.2, 10.2*	la mayonesa	*la majonesa*
medicijn *13.3, 13.4*	el medicamento, la medicina	*el mediekamento, la medieSiena*
meel *10.2*	la harina	*la ariena*
meer (het)	el lago	*el laĝo*
meestal *3.1*	por lo general	*por lo cheneral*
mei *1.1*	mayo	*majo*
meisje *3.8*	la chica	*la tsjieka*
melk *4.7*	la leche	*la letsjə*
meloen	el melón	*el melon*
meneer *2.1*	señor	*senjor*
menstruatie *13.3*	la menstruación	*la menstroeaSieon*
menu *4.1*	el menú	*el menoe*
menukaart *4.2*	la carta	*la karta*
mes *4.2*	el cuchillo	*el koetsjiejo*
metaal	el metal	*el metal*
meter (100 cm)	metro(s)	*metro(s)*
meter (in taxi) *6.7*	el taxímetro	*el taksiemetro*
metro *6.1*	el metro	*el metro*
metronet *6.4*	la red de metro	*la re də metro*
metrostation *6.1*	la estación de metro	*la estaSieon də metro*
mevrouw *2.1*	señora	*senjora*
middags ('s) *1.1*	por la tarde	*por la tardə*
middel (manier)	el remedio	*el remedieo*
midden (in het –) *1.6, 6.3, 11.3*	en el centro/medio	*en el Sentro/medieo*
mier *7.4*	la hormiga	*la ormieĝa*
migraine *13.2*	la jaqueca	*la chakeka*
millimeter	milímetro(s)	*mieliemetro(s)*
minder	menos	*menos*

M

mineraalwater 4.7	el agua mineral	el _aaĝoea_ mien_e_r_a_l
minuut 1.3	el minuto	el mien_o_eto
mis (zn)	la misa	la m_ie_sa
misschien 2.3, 3.7	quizá	kieS_a_
misselijk 13.2	con náuseas	kon n_a_useeas
missen 3.9	echar de menos	etsj_a_r də m_e_nos
mist 3.4	la niebla	la nj_e_bla
misten 1.5	haber niebla	aabər nj_e_bla
misverstand 14.6	el malentendido	el malentendi_e_do
mode 10.1	la moda	la m_o_da
moderne kunst 11.1	el arte moderno	el _a_rtə mod_e_rno
moeder 3.1	la madre	la m_a_drə
moeilijkheid 14	la dificultad	la diefiekoelt_a_
moeras	el terreno pantanoso	el terr_e_no pantan_o_so
moersleutel 5.6	la llave de tuercas	la lj_a_bə də toe-_e_rkas
mokka	el moca	el m_o_ka
molen	el molino	el moli_e_no
moment 9.2	el momento	el mom_e_nto
mond 13.3	la boca	la b_o_ka
montuur	la montura	la mont_o_era
mooi 1.5, 2.6, 3.8	bonito	boni_e_to
morgen 1.1, 2.1, 3.1, 3.9	mañana	manj_a_na
morgens ('s) 1.1	por la mañana	por la manj_a_na
morning-afterpil 13.2	la píldora para el día después	la p_ie_ldora p_a_ra el d_ie_a despoe-_e_s
moskee 11.1	la mezquita	la meSki_e_ta
mosselen 4.6, 10.2	los mejillones	los mechiej_o_nəs
mosterd 4.2, 10.2	la mostaza	la most_a_Sa
motel 7.3	el motel	el mot_e_l
motorboot 12.2	la lancha motora	la l_a_ntsja mot_o_ra
motorcrossen	el motocrós	el motokr_o_s
motorfiets 5	la moto	la m_o_to
motorkap 5.4	el capó	el kap_o_
motorpech 5.6	la avería	la aber_ie_a
mug 7.4	el mosquito	el moski_e_to
muggenolie	el aceite para los mosquitos	el aaS_ei_tə p_a_ra los moski_e_tos
muis 7.4	el ratón	el rat_o_n
museum 11.1	el museo	el moes_e_eo
musical 11.2	la comedia musical	la kom_e_diea moesiek_a_l
muts 10.3	el gorro	el ĝ_o_rro
muziek 3.5	la música	la m_o_esieka

M

na	después de	*despoe-es də*
naaigaren *10.1*	el hilo de coser	*el ielo de koser*
naakt *12.2*	desnudo	*desnoedo*
naaktstrand *12.2*	la playa nudista	*la plaja noediesta*
naald *3.5*	la aguja	*la aĝoecha*
naam (voornaam) *1.9, 3.1,*	el nombre	*el nombrə*
11.3		
naam (achternaam) *1.9*	el apellido	*el aapejiedo*
naast *1.6*	al lado de	*al lado də*
nacht *7.1*	la noche	*la notsjə*
nachtclub *11.2*	la boîte	*la boeat*
nachtdienst *13.1*	la guardia nocturna	*la ĝoeardiea noktoerna*
nachtleven *11.2*	la vida nocturna	*la bieda noktoerna*
nagel	la uña	*la oenja*
nagellak	el esmalte (para uñas)	*el esmaltə (para oenjas)*
nagellakremover	el quitaesmalte	*el kietaaesmaltə*
nagelschaartje	las tijeras de uñas	*las tiecheras də oenjas*
nagelvijl	la lima (para uñas)	*la liema (para oenjas)*
nat	mojado	*mochado*
nat (regenachtig) *3.4*	lluvioso	*ljoebjoso*
nationaliteit *1.9*	la nacionalidad	*la naSieonalieda*
naturisme *12.2*	el naturismo	*el natoeriesmo*
natuur *11.1*	la naturaleza	*la natoeraleSa*
natuurlijk *2.3*	claro	*klaro*
Nederland	los Países Bajos (Ho-landa)	*los paaiesos bachos (olanda)*
Nederlander *3.1*	el neerlandés (holan-dés)	*el neerlandes (olandes)*
Nederlandse *3.1*	la neerlandesa (holan-desa)	*la neerlandesa (olandesa)*
nee *2.3*	no	*no*
neef	el primo	*el priemo*
neefje	el sobrino	*el sobrieno*
negatief (foto) *10.4*	el negativo	*el neĝatiebo*
nek *13.2*	la nuca	*la noeka*
nergens *1.6*	en ninguna parte	*en nienĝĝoena partə*
neus *13.2*	la nariz	*la narieS*
neusdruppels	las gotas para la nariz	*las ĝotas para la narieS*
nicht	la prima	*la priema*
nichtje	la sobrina	*la sobriena*
niemand *2.3*	nadie	*nadie-e*
niets *2.3*	nada	*nada*

nieuw	nuevo	*noe-ębo*
nieuws	las noticias	*las notięSieas*
nodig	necesario	*neSesạrieo*
non-stop *6.1*	sin escalas	*sien eskạlas*
noodrem *6.6*	el freno de emergencia	*el fręno də eemerchenSja*
nooduitgang *7.3, 14.1*	la salida de emergencia	*la salięda də eemer-chenSiea*
noodvulling *13.5*	el empaste provisional	*el empastə probiesieonạl*
noodzakelijk *3.1*	necesario	*neSesạrieo*
nooit *1.6*	jamás/nunca	*chamạs/noẹnka*
noord *1.6*	el norte	*el nọrtə*
nootmuskaat *10.2*	la nuez moscada	*la noe-ẹS moskạda*
norit *10.1*	norit/carbón	*norįet/karbọn*
normaal *5.5*	normal	*normạl*
noten (gemengd) *4.7*	los frutos secos	*los froẹtos sẹkos*
november *1.1*	noviembre	*nobjẹmbrə*
nummer *9.2*	el número	*el noẹmero*
nummerbord *5.4*	la matrícula	*la matriẹkoela*

O

ober *4.2*	el camarero	*el kamarẹro*
ochtendjas *10.3*	la bata	*la bạta*
oesters *4.6*	las ostras	*las ọstras*
oever	la orilla	*la orięja*
ogenblik *2.3, 6.7*	el momento	*el momẹnto*
oktober *1.1*	octubre	*oktoẹbrə*
olie *5.5, 10.2*	el aceite	*el aaSeịtə*
olie verversen *5.6*	cambiar el aceite	*kambjạr el aaSeịtə*
oliepeil *5.5*	el nivel del aceite	*el niebẹl del aaSeịtə*
olijfolie *4.2, 10.2*	el aceite de oliva	*el aaSeịtə də olịeba*
olijven *4.6, 10.2*	las aceitunas	*las aaSeitoẹnas*
oma *3.1, 14.5*	la abuela	*la aaboe-ẹla*
omelet *4.7*	la tortilla	*la tortiẹja*
omgeving *11.1*	los alrededores	*los alrededọres*
onbeleefd *4.4*	descortés/maleducado	*deskortẹs/maledoekạdo*
onder *1.6, 6.3*	abajo, debajo de	*aabạcho, debạcho də*
onderbroek *10.3*	los calzoncillos	*los kalSonSiẹjos*
onderdeel *5.6*	la pieza de recambio	*la pjẹSa də rekạmbjo*
ondergoed *10.3*	la ropa interior	*la rọpa ienterieọr*
onderjurk *10.3*	la combinación	*la combienaSieọn*
ondertekenen *7, 8.1*	firmar	*fiermạr*
ondertiteld *11.2*	subtitulada	*soeptietoelạda*
onderweg *5.0*	en el camino	*en el kamiẹno*

onderzoeken (medisch) *13.3*	reconocer	*rekonoSer*
ondiep *12.2*	poco profundo	*poko profoendo*
ongedierte *7.4*	los bichos	*los bietsjos*
ongelijk (niet vlak) *7.2*	desigual	*desieĝoeal*
ongeluk *14.1*	el accidente	*el akSiedentə*
ongerust *14.5*	inquieto	*ienkie-eto*
ongesteld (zijn) *13.3*	tener la regla/el período	*tener la reĝla/el perieodo*
ongetrouwd *1.9*	soltero	*soltero*
ongeveer	más o menos	*mas oo menos*
onkosten	los gastos	*los ĝastos*
onmiddellijk *14.1*	inmediatamente	*ienmedjatamente*
onmogelijk *2.3*	imposible	*iemposieblə*
ons (100 g) *10.2*	los cien gramos	*los Sie-en gramos*
onschuldig *14.6*	inocente	*ienoSentə*
ontbijt *7.3, 13.4*	el desayuno	*el desajoeno*
ontbreken *4.4, 5.2*	faltar	*faltar*
ontharingscrème	la crema depilatoria	*la krema depielatoriea*
ontlasting *13.3*	las heces	*las eeSes*
ontmoeten (tegenkomen) *3.1*	encontrar	*enkontrar*
ontmoeten (leren kennen) *3.1*	conocer	*konoSer*
ontruimen *7.5*	desalojar	*desalochar*
ontsmettingsmiddel *10.1, 13.4*	el desinfectante	*el desienfektantə*
ontsteking *13.3*	la inflamación	*la ienflamaSieon*
ontwikkelen *10.4*	revelar	*rebelar*
ontzettend *2.6, 7.4*	terrible	*terrieblə*
onweer *1.5*	la tormenta	*la tormenta*
onzin *2.6*	tontería(s)	*tonteriea(s)*
oog *3.9*	el ojo	*el ocho*
oogarts *13*	el oculista	*el okoeliesta*
oogdruppels	las gotas para los ojos	*las ĝotas para los oochos*
oogschaduw	la sombra de ojos	*la sombra də oochos*
oor (buitenkant) *13.2*	la oreja	*la oorecha*
oor (binnenkant) *13.2*	el oído	*el ooiedo*
oorarts *13*	el médico de oídos	*el meedieko də o-iedos*
oorbellen *10.1*	los pendientes	*los pendjentes*
oordruppels *13.4*	las gotas para los oídos	*las ĝotas para los ooiedos*
oorpijn *13.2*	el dolor de oído	*el dolor də ooiedo*
oost *1.6*	el este	*el estə*
op *1.6*	sobre	*sobrə*

O

opa *3.1, 14.5*	el abuelo	*el aaboe-elo*
opbellen *3.11, 9.2*	llamar por teléfono	*ljamar por telefono*
open *11.1*	abierto	*aabjerto*
openen *5.1*	abrir	*aabrier*
opera *11.2*	la ópera	*la oopera*
opereren *13.3*	operar	*ooperar*
operette *11.2*	la opereta	*la oopereta*
opgravingen *11.1*	las excavaciones	*las ekskabaSieones*
ophalen *3.10, 11.3*	pasar a buscar, (pasar a) recoger	*pasar aa boeskar, (pasar aa) rekocher*
oplichting *14.6*	la estafa	*la estafa*
opnieuw	de nuevo	*də noe-ebo*
oponthoud *6.4*	el retraso	*el retraso*
oprit *5.9*	la entrada	*la entrada*
opruimen	recoger	*rekocher*
opruiming *10.1*	la liquidación	*la liekiedaSieon*
opschrijven	apuntar	*aapoentar*
optelling *4.4*	la suma	*la soema*
opticien *10*	la óptica	*la optieka*
opzoeken	buscar	*boeskar*
oranje	naranja	*narancha*
orde (in –, opgeruimd)	en orden, ordenado	*en orden*
orkaan *1.5*	el huracán	*el oerakan*
oud *3.1*	viejo	*bjecho*
oude stad *11.1*	el casco antiguo	*el kasko antiegoeo*
ouders *3.1*	los padres	*los padres*
overal *1.6*	en todas partes	*en todas partes*
overdag	de día	*də diea*
overgeven *13.2*	vomitar	*bomietar*
overhemd *10.3*	la camisa	*la kamiesa*
overkant	el otro lado	*el otro lado*
overmorgen *1.1*	pasado mañana	*pasado manjana*
overstappen *6.1, 6.4*	hacer trasbordo	*aaSer trasbordo*
oversteken	cruzar la calle	*kroeSar la kajə*
overstroming *14.3*	la inundación	*la ienoendaSieon*
overtocht	la travesía	*la trabesiea*
overval *14.6*	el asalto	*el aasalto*

P

paard	el caballo	*el kabajo*
paardrijden	montar a caballo	*montar aa kabajo*
paars	violeta	*bjoleta*
paddestoelen *4.6, 10.2*	las setas	*las setas*

pagina 9.1	la página	la pa̱chiena
pak 10.3	el traje	el tra̱chə
pak(ket)je 9.1, 10.2	el paquete	el pake̱te
paleis 11.1	el palacio	el pala̱Sieo
paling 4.6	la anguila	la anĝiela
pan 7.3, 10.1	la cacerola	la kaSero̱la
pannenkoek (flensje) 4.6	la crepe	la kre̱pə
panty 10.3	el panty	el pa̱ntie
papier	el papel	el pape̱l
papieren zakdoekjes	los pañuelitos de papel	los panjoe-elie̱tos də pape̱l
paprika	el pimiento	el piemje̱nto
paraplu	el paraguas	el para̱ĝoeas
parasol	el quitasol	el kietaso̱l
pardon 2.5, 3.2	perdone	perdo̱nə
parfum 10.1	el perfume	el perfoe̱mə
park	el parque	el pa̱rkə
parkeergarage	el parking	el pa̱rkieng
parkeerplaats	el sitio para aparcar	el sie̱tieo pa̱ra aparka̱r
parkeren 7.2	aparcar	aaparka̱r
parlementsgebouw	la cámara de diputados	la ka̱mara də diepoeta̱dos
partner 3.1	la pareja	la pare̱cha
pasfoto 12.3	la foto de carnet	la fo̱to də karne̱
paskamer 10.3	el probador	el probado̱r
paspoort 1.9, 5.1, 8.1	el pasaporte	el pasapo̱rtə
passagier 6.1	el pasajero	el pasache̱ro
passen (kleding) 10.3	probarse	proba̱rsə
patates frites 4.6	las patatas fritas (a la francesa)	las pata̱tas frie̱tas (a la franSe̱sa)
patiënt 13.2	el paciente	el paSie-e̱ntə
pauze 11.2	la pausa	la pa̱usa
pech (met auto) 5.6	la avería	la aaberie̱a
pedaal 5.4	el pedal	el peda̱l
pedicure 10.5	la pedicura	la pediekoe̱ra
peer	la pera	la pe̱ra
pen	la pluma	la ploe̱ma
penis 13.2	el pene	el pe̱nə
pensioen 3.1	la jubilación	la choebielaSieo̱n
pension 7.3	la pensión	la pensieo̱n
peper 4.2, 10.2	la pimienta	la piemje̱nta
permanent (haar) 10.5	la permanente	la permane̱ntə
permanenten 10.5	hacer una permanente	aaSe̱r oe̱na permane̱ntə
perron 6.6	el andén	el ande̱n
persoon 4.1, 7.2	la persona	la perso̱na

persoonlijk *5.1*	personal	*personal*
perzik	el melocotón	*el melokoton*
peterselie	el perejil	*el perechiel*
petroleum *7.2*	el queroseno	*el keroseno*
picknick	el picnic	*el piekniek*
pier	el muelle	*el moe-eje*
pijl *5.0*	la flecha	*la fletsja*
pijn *13.2, 13.5*	el dolor	*el dolor*
pijnstiller *13.4*	el analgésico	*el aanalchesieko*
pijp *10.1*	la pipa	*la piepa*
pijptabak	el tabaco de pipa	*el tabako de piepa*
pikant *4.2*	picante	*piekante*
pil, (anticonceptie-) *13.3*	la píldora (anticonceptiva)	*la pieldora (antiekonSeptieba)*
pincet	los alicates	*los aaliekates*
pinda's *10.2*	los cacahuetes	*los kakaoe-etes*
plaats (plek) *7.2*	el sitio	*el sietieo*
plaats (zit-) *4.1, 6.1*	el asiento	*el aasie-ento*
plaatselijk *13.6*	local	*lokal*
plaatskaarten *11.2*	los billetes	*los biejetes*
plakband	la celo	*la Selo*
plakken (band) *5.6*	arreglar el pinchazo	*arreglar el pientsjaSo*
plan *3.7*	el plan	*el plan*
plant	la planta	*la planta*
plastic	el plástico	*el plastieko*
plattegrond *11.1*	el plano	*el plano*
platteland	el campo	*el kampo*
plein	la plaza	*la plaSa*
pleisters	las tiritas, los esparadrapos	*las tierietas, los esparadrapos*
plezier *2.1*	la diversión	*la diebersieon*
poedermelk *10.2*	la leche en polvo	*la letsje en polbo*
poes	el gato	*el gato*
politie *14.1*	la policía	*la polieSiea*
politiebureau *14.1*	la comisaría	*la komiesariea*
pols *13.2*	la muñeca	*la moenjeka*
pond *10.2*	el medio kilo	*el medieo kielo*
pont	el transbordador	*el transbordador*
pony (paard)	el poney	*el ponei*
pony (kapsel) *10.5*	el flequillo	*el flekiejo*
pop	la muñeca	*la moenjeka*
popconcert *11.2*	el concierto pop	*el konSie-erto pop*
port (wijn) *4.2, 10.2*	el oporto	*el oporto*

portefeuille *14.2*	la cartera	*la kartera*
portemonnee *14.2*	el monedero	*el monedero*
portie *4.2*	la ración	*la raSieon*
portier (man) *7.3*	el portero	*el portero*
porto *9.1*	el franqueo	*el frankeo*
post (PTT) *9.1*	el correo	*el korreeo*
postbode *9.1*	el cartero	*el kartero*
postcode *1.9*	el código postal	*el kodiego postal*
postkantoor *9.1*	la oficina de Correos	*la oofieSiena də korreeos*
postpakket *9.1*	el paquete postal	*el paketə postal*
postpapier	el papel carta	*el papel karta*
postzegel *9.1*	el sello	*el sejo*
potlood (hard/zacht)	el lápiz (duro/blando)	*el lapieS (doero/blando)*
praatpaal *5.6*	el teléfono de emergencia	*el telefono də eemerchenSiea*
prachtig *3.8*	magnífico	*magniefieko*
praten	hablar	*aablar*
prei	el puerro	*el poe-erro*
pretpark *11*	el parque de atracciones	*el parkə də aatrakSieones*
prijs *4.3, 8.2*	el precio	*el preSieo*
prijslijst *4.3*	la lista de precios	*la liesta də preSieos*
probleem *3.9*	el problema	*el problema*
proces-verbaal *14.6*	el atestado	*el aatestado*
proeven *10.1*	probar	*probar*
programma *11.1*	el programa	*el programa*
proost *3.2, 4.2*	salud	*saloe*
provisorisch *13.5*	provisional(mente)	*probiesieonal(mentə)*
pruim	la ciruela	*la Sieroe-ela*
pudding *4.6*	el pudín	*el poedien*
puur *4.2*	puro	*poero*
puzzel	el rompecabezas	*el rompəkabeSas*
pyjama	el pijama	*el piechama*

R

raam (in trein enz) *6.3*	la ventanilla	*la bentanieja*
raam *4.1*	la ventana	*la bentana*
radio *7.4*	la radio	*la radieo*
radio- en tv-gids	la guía de radio y televisión	*la giea də radieo ie telebiesieon*
rauw *4.2*	crudo	*kroedo*
rauwkost *4.6*	las verduras crudas	*las berdoeras kroedas*
recept *13.4*	la receta	*la reSeta*
recht (jur)	el derecho	*el deretsjo*

rechtdoor *1.6*	todo recto	*todo rekto*
rechthoek	el rectángulo	*el rektangoelo*
rechts *1.6*	derecha	*deretsja*
rechtsaf *1.6*	a la derecha	*aa la deretsja*
rechtstreeks *6.4*	directo	*dierekto*
reçu *5.2*	el recibo	*el reSiebo*
reductie *11.1*	el descuento	*el deskoe-ento*
reformwinkel *10*	la tienda naturista	*la tie-enda natoeriesta*
regen *3.4*	la lluvia	*la ljoebja*
regenen *1.5*	llover	*ljober*
regenjas	el impermeable	*el iempermeeablə*
reis *2.1*	el viaje	*el bjachə*
reisbureau *6.4*	la agencia de viajes	*la achenSiea də bieaches*
reischeque *8.2*	el cheque de viaje	*el tsjekə də bjachə*
reisgids	la guía	*la giea*
reisleider *6.4*	el guía	*el giea*
reizen *3.5, 13.3*	viajar	*bjachar*
reiziger *6.1*	el pasajero	*el pasachero*
rekening *4.3, 5.6, 8.2*	la cuenta	*la koe-enta*
rem *5.4*	el freno	*el freno*
remolie *5.4*	el líquido de frenos	*el liekiedo də frenos*
remvloeistof *5.5*	el líquido de frenos	*el liekiedo də frenos*
reparatie *5.6*	el arreglo	*el arreglo*
repareren *5.6, 10.3, 13.5*	arreglar	*arreglar*
reserve *5.6*	la reserva	*la reserba*
reserveonderdelen *5.6*	las piezas de recambio	*las pie-eSas de rekambjo*
reserveband *5.6*	el neumático de reserva	*el ne-oematieko də reserba*
reserveren *4.1, 6.3, 7.1, 11.3*	reservar	*reserbar*
reservewiel *5.4*	la rueda de recambio	*la roe-eda də rekambjo*
restaurant *4.1*	el restaurante	*el restaurantə*
restauratiewagen *6.6*	el coche restaurante	*el kotsjə restaurantə*
retour (kaartje) *6.3*	el billete de ida y vuelta	*el biejetə də ieda ie boe-elta*
reumatiek *13.3*	el reuma	*el re-oema*
richting *6.7*	la dirección	*la dierekSieon*
richtingaanwijzer *5.6*	el intermitente	*el ientermietente*
riem (kleding) *10.3*	el cinturón	*el Sientoeron*
rietje *4.2*	la pajita	*la pachieta*
rijbewijs *1.8, 5.8*	el permiso de conducir	*el permieso də kondoeSier*
rijden (in auto) *3.7*	ir en coche	*ier en kotsjə*
rijp *10.2*	maduro	*madoero*
rijst	el arroz	*el arroS*
rijstrook *5.3*	el carril	*el karriel*

rijweg *5.3*	la calzada	*la kalSada*
risico *3.9*	el riesgo	*el rie-esĝo*
rits	la cremallera	*la kremajera*
rivier	el río	*el rieo*
rode wijn *4.2, 10.2*	el vino tinto	*el bieno tiento*
roeiboot *12.2*	el bote de remos	*el botə də remos*
roerei *4.6*	los huevos revueltos	*los oe-ebos reboe-eltos*
rok *10.3*	la falda	*la falda*
roken *3.6, 6.3*	fumar	*foemar*
rolletje (foto-) *10.4*	el rollo	*el rojo*
rolstoel *11.1*	la silla de ruedas	*la sieja də roe-edas*
rommelmarkt *10*	el mercadillo	*el merkadiejo*
rondleiding *11.1*	la visita guiada	*la biesieta ĝieada*
rondrit *11.1*	la excursión, el paseo	*la ekskoersieon, el paseo*
rondvaartboot *11.1*	el barco de excursión	*el barko də ekskoersieon*
rood	rojo	*rocho*
rook	el humo	*el oemo*
rookcoupé *6.3*	el departamento de fumadores	*el departamento də foemadores*
room	la nata	*la nata*
roomservice *7.3*	el servicio en la habitación	*el serbieSieo en la aabietaSieon*
roos *10.5*	la caspa	*la kaspa*
rosé *4.2, 10.2*	el vino rosado	*el bieno rosado*
rotonde *5.9*	la rotonda	*la rotonda*
rots *12.2*	la roca	*la roka*
route	la ruta	*la roeta*
rozijnen	las uvas pasas	*las oebas pasas*
rubber	la goma	*la ĝoma*
rug *13.2*	la espalda	*la espalda*
rugzak (klein) *5.1, 5.2*	la mochila	*la motsjiela*
rugzak (groot) *5.1, 5.2*	el macuto	*el makoeto*
ruilen *10.1*	cambiar	*kambjar*
ruïnes *11.1*	las ruinas	*las roeienas*
ruit *5.5*	el cristal	*el kriestal*
ruitenwisser *5.6*	el limpiaparabrisas	*el liempjaparabriesas*
rundvlees	la carne de vaca	*la karnə də baka*
rustig *7.2, 12.2*	tranquilo	*trankielo*

S

s.v.p	por favor	*por fabor*
saai *2.6*	aburrido	*aaboerriedo*
safari *11.1*	el safari	*el safarie*

salade *4.6*	la ensalada	*la ensalada*
salami	el salami	*el salamie*
samen *3.7*	juntos	*choentos*
samenwonen *3.1*	vivir con otra persona	*biebier kon ootra persona*
sap *4.2, 10.2*	el zumo/el jugo	*el Soemo/el choego*
sardines	las sardinas	*las sardienas*
sauna	la sauna	*la sauna*
saus *4.6*	la salsa	*la salsa*
schaar *10.1*	las tijeras	*la tiecheras*
schaatsen	el patinaje sobre hielo	*el patienacho sobrə jelo*
schaduw *7.2*	la sombra	*la sombra*
schakelaar	el interruptor	*el ienterroeptor*
schaken *3.7*	jugar al ajedrez	*choeğar al aachedreS*
scheerapparaat	la afeitadora eléctrica	*la aafeitadora eelektrieka*
scheercrème	la crema de afeitar	*la krema də aafeitar*
scheerkwast	la brocha de afeitar	*la brotsja də aafeitar*
scheermesjes	las hojas de afeitar	*las oochas də aafeitar*
scheerzeep	el jabón de afeitar	*el chabon də aafeitar*
scheren *10.5*	afeitar	*aafeitar*
schilderij *11.1*	el cuadro	*el koeadro*
schilderkunst *11.1*	la pintura	*la pientoera*
schoen *10.3*	el zapato	*el Sapato*
schoenenwinkel *10*	la zapatería	*la Sapateriea*
schoenmaker *10.3*	el zapatero	*el Sapatero*
schoensmeer *10.3*	la crema de zapatos	*la krema də Sapatos*
school *3.1*	la escuela	*la eskoe-ela*
schoon *4.4*	limpio	*liempjo*
schoonheidssalon *10*	el salón de belleza	*el salon də bejeSa*
schoonmaken *7.4*	limpiar	*liempjar*
schorpioen *13.2*	el escorpión	*el eskorpjon*
schouder	el hombro	*el ombro*
schouwburg *11.2*	el teatro	*el teatro*
schriftelijk *7.1*	por carta	*por karta*
schrijven *3.11*	escribir	*eskriebier*
schroef *5.6, 10.1*	el tornillo	*el torniejo*
schroevendraaier	el destornillador	*el destorniejador*
schuld *2.5*	la culpa	*la koelpa*
scooter *5.8*	la vespa	*la bespa*
seconde *1.3*	el segundo	*el seğoendo*
september *1.1*	septiembre	*septie-embre*
serveerster *4.1*	la camarera	*la kamarera*
servet *4.2*	la servilleta	*la serbiejeta*
shag *3.6*	el tabaco para liar	*el tabako para liear*

shampoo *10.5*	el champú	*el tsjampoe*
sherry *4.2, 10.2*	el jerez	*el chereS*
show *11.2*	el espectáculo	*el espektakoelo*
sieraden *10.1, 14.2, 14.4*	las alhajas	*las alachas*
sigaar *3.6*	el puro	*el poero*
sigarenwinkel *10*	el estanco	*el estanko*
sigaret *3.6, 5.1*	el cigarrillo	*el Siegariejo*
sinaasappel	la naranja	*la narancha*
sinaasappelsap *4.7*	el zumo de naranja	*el Soemo də narancha*
sjaal *10.3*	el pañuelo	*el panjoe-elo*
ski's *12.3*	los esquís	*los eskies*
skibril *12.3*	las gafas de esquí	*las gafas də eskie*
skibroek *12.3*	los pantalones de esquiar	*los pantalones də eskjar*
skiën *12.3*	esquiar, el esquí	*eskiear, el eskie*
skileraar *12.3*	el profesor de esquí	*el profesor də eskie*
skiles, -klas *12.3*	la clase de esquiar	*la klasə də eskiear*
skilift *12.3*	el telesquí	*el teleskie*
skipak *3.8*	el traje de esquiar	*el trache də eskiear*
skipas *12.3*	el bono (de remontes/esquí)	*el bono (de remontes/eskie)*
skipiste *12.3*	la pista de esquí (alpino)	*la piesta də eskie (alpie-no)*
skischoenen *12.3*	las botas de esquí	*las botas də eskie*
skistok *12.3*	el bastón de esquí	*el baston də eskie*
skiwas *12.3*	la cera para esquí	*la Sera para eskie*
slaappillen *13.4*	los somníferos	*los somnieferos*
slaapwagen *6.3*	el coche cama	*el kotsjə kama*
slagader *13.2, 14.3*	la arteria	*la arteriea*
slager *10*	la carnicería	*la karnieSeriea*
slagroom (stijf)	el chantilly	*el tsjantiejie*
slagroom	la nata para batir	*la nata para batier*
slang *13.2*	la serpiente	*la serpjentə*
slaolie *10.2*	el aceite	*el aaSeitə*
slapen *6.1, 7.4*	dormir	*dormier*
slecht *1.5, 2.6, 9.2*	mal, malo	*mal, malo*
slee *12.3*	el trineo	*el trieneeo*
sleepkabel *5.6*	el cable de remolque	*el kablə də remolkə*
slepen *5.6*	remolcar	*remolkar*
sleutel(tje) *5.6, 7.3*	la llave	*la ljabə*
sleutelbeen *13.2*	la clavícula	*la klabiekoela*
slijter *10*	la bodega, la tienda de vinos y licores	*la bodega, la tie-enda də bienos ie liekores*

slipje *10.3*	el slip	*el esliep*
slof (sigaretten)	el cartón	*el karton*
slot *7.4*	la cerradura	*la Serradoera*
sluiter *10.4*	el obturador	*el obtoerador*
smerig *4.4, 7.4*	sucio	*soeSieo*
smoking	el esmóquin	*el esmokien*
sneeuw *1.5, 3.4*	la nieve	*la njebə*
sneeuwen *1.5, 3.4*	nevar	*nebar*
sneeuwketting *5.6, 10.1*	la cadena antideslizante	*la kadena antiedeslie-Santə*
snel *3.9, 4.2, 13.1*	rápido	*rapiedo*
sneltrein *6.6*	el tren rápido	*el tren rapiedo*
snelweg *5.3*	la autopista	*la autopiesta*
snijden *13.2*	cortar	*kortar*
snoep(goed)	las golosinas	*las golosienas*
snoepje	el caramelo	*el karamelo*
snorkel *12.2*	el esnórquel	*el esnorkel*
soep *4.6*	la sopa	*la sopa*
sokken *10.3*	los calcetines	*los kalSetienes*
soms *3.1*	a veces	*aa beSes*
soort *4.2*	la clase	*la klasə*
sorbet *4.6*	el sorbete	*el sorbetə*
sorry *2.5*	perdón	*perdon*
souvenir *5.1*	el recuerdo de viaje	*el rekoe-erdo də bjachə*
Spaans	español	*espanjol*
spaghetti	los espaguetis	*los espaĝetis*
specialist *13.3*	el especialista	*la espeSiealiesta*
specialiteit *4.2*	la especialidad	*la espeSiealiedᶏ*
speelgoed	los juguetes	*los choeĝetes*
speelkaarten	los naipes	*los najpes*
speeltuin *7.2, 11.1*	el parque infantil	*el parke ienfantiel*
speen (op fles)	la tetina	*la teetiena*
speen (fop-)	el chupete	*el tsjoepetə*
spek	el tocino	*el toSieno*
speld	el alfiler	*el alfieler*
spelen *3.8, 11.2*	jugar	*choeĝar*
spellen *1.8*	deletrear	*deletreear*
spelletje	el juego	*el choe-eĝo*
spiegel	el espejo	*el especho*
spiegelei *4.6*	el huevo al plato	*el oe-ebo al plato*
spier verrekken *13.3*	distender un músculo	*diestender oen moeskoelo*
spier	el músculo	*el moeskoelo*
spijker *10.1*	el clavo	*el klabo*

S

splinter *13.2*	la astilla	*la astieja*
spoed *6.4, 9.2, 14.1*	la prisa	*la priesa*
spoor (perron) *6.1*	la vía	*la biea*
spoorboekje *6.6*	la guía de trenes	*la giea də trenəs*
spoorwegen *6.6*	los ferrocarriles	*los ferrokarrieləs*
spoorwegovergang	el paso a nivel	*el paso a niebel*
sport *12.1*	el deporte	*el deportə*
sporten *3.5*	hacer deporte	*aaSer deportə*
sporthal	la sala de deportes	*la sala də deportes*
sportschoenen	los zapatos de tenis	*los Sapatos də tenis*
spreekuur *13.1*	la consulta	*la konsoelta*
spreken *9.2*	hablar	*aablar*
spruitjes	las coles de Bruselas	*las koles də broeseləs*
spullen	las cosas	*las kosas*
squashen *12.1*	el squash	*el skwasj*
staal (roestvrij)	el acero (inoxidable)	*el aaSero (ienoksiedablə)*
stad *3.1, 3.7, 9.2, 11.1*	la ciudad	*la Sie-oeda*
stadhuis	el ayuntamiento	*el aajoentamjento*
stadion	el estadio	*el estadieo*
stadswandeling *11.1*	la visita a la ciudad (a pie)	*la biesieta aa la Sie-oeda (aa pje)*
staking *6.1*	la huelga	*la oe-elga*
standbeeld	la estatua	*la estatoea*
stank *7.4*	el mal olor	*el mal olor*
starten *5.6*	arrancar	*arrankar*
startkabel *5.6*	el cable de arranque	*el kablə də arrankə*
station *6.1, 6.7*	la estación	*la estaSieon*
steeksleutel *5.6*	la llave (de boca)	*la ljabə (də boka)*
steil (haar) *14.5*	liso	*lieso*
steken (insekt) *13.2*	picar	*piekar*
stelen *14.4*	robar	*robar*
stieregevecht *11.2*	la corrida de toros	*la korrieda də toros*
stilte	el silencio	*el sielenSieo*
stinken *4.4, 7.4*	oler mal	*oler mal*
stoel *4.1*	la silla	*la sieja*
stokbrood	la barra	*la barra*
stomen	lavar en seco	*labar en seko*
stomerij *10*	la tintorería	*la tientoreriea*
stopcontact *4.1, 7*	el enchufe	*el entsjoefə*
stoppen *5.3, 5.9, 6.1*	parar	*parar*
stoptrein *6.6*	el tren ómnibus	*el tren omnieboes*
storen *2.5*	molestar	*molestar*
storing *7.4*	el fallo	*el fajo*

S

storm 3.4	el vendaval	el bendabal
stormen 1.5	haber vendaval	aaber bendabal
straat 1.9, 6.7	la calle	la kajə
straatkant 7.3	el lado de la calle	el lado də la kajə
straks 2.1, 3.7	luego	loe-ego
strand 3.7, 12.2	la playa	la plaja
strandstoel	el sillón de playa	el siejon də plaja
streek (regio) 9.2	la región	la rechjon
strijkbout 10.1	la plancha	la plantsja
strijken	planchar	plantsjar
strijkplank 7.3	la tabla de planchar	la tabla də plantsjar
stroming 12.2	la corriente	la korrjentə
stroom (elektr) 7.4	la corriente	la korjentə
stroomversnelling 12.2	el rápido	el rapiedo
stroop	la melaza	la melaSa
stropdas 10.3	la corbata	la korbata
studeren 3.1	estudiar	estoedjar
stuk (kapot) 7.4	roto	roto
suiker 4.2	el azúcar	el aaSoekar
suikerpatiënt 13.3	el diabético	el dieabetieko
super(benzine) 5.5	súper	soeper
supermarkt 10	el supermercado	el soepermerkado
surfen 12.2	el surf	el soerf
surfpak 12.2	el traje de surf	el trachə də soerf
surfplank 12.2	la tabla de surf	la tabla də soerf
synagoge	la sinagoga	la sienagoga

taai 4.4	duro	doero
taal 12.3	el idioma	el iedieoma
taart	la tarta	la tarta
tabak	el tabaco	el tabako
tablet 13.4	la tableta	la tableta
tafel 11.3	la mesa	la mesa
tafeltennis 3.7	el pingpong	el piengpong
talkpoeder	el talco	el talko
tampons	los tampones	los tampones
tand 13.6	el diente	el die-entə
tandarts 13.5	el dentista	el dentiesta
tandenborstel	el cepillo de dientes	el Sepiejo də die-entes
tandenstoker 4.2	el palillo	el paliejo
tandpasta	el dentífrico	el dentiefrieko
tas (klein) 5.1, 5.2	el bolso	el bolso

tas (groot) *5.1, 5.2*	la bolsa	*la bolsa*
tasje (plastic) *10.1*	la bolsita	*la bolsieta*
taxfreewinkel *6.5*	la tienda libre de impuestos	*la tie-enda liebrə də iempoe-estos*
taxi *6.7*	el taxi	*el taksie*
taxistandplaats *6.7*	la parada de taxis	*la parada də taksies*
te veel *4.3, 4.5, 10.2*	demasiado	*demasjado*
teen	el dedo del pie	*el dedo del pje*
tegen *1.6, 10.5*	contra	*kontra*
tegenligger *14.6*	el vehículo que viene de frente	*el be-iekoelo ke bjenə də frentə*
tegenover *1.6*	enfrente de	*enfrentə də*
tekenen (signeren) *8.1*	firmar	*fiermar*
telefoneren *7.1, 9.2*	llamar por teléfono	*ljamar por telefono*
telefonisch *9.2*	por teléfono	*por telefono*
telefoniste *9.2*	la operadora	*la ooperadora*
telefoon *9.2, 14.1*	el teléfono	*el telefono*
telefooncel *5.6*	la cabina telefónica	*la kabiena telefonieka*
telefoongids *9.2*	la guía de teléfonos	*la giea də telefonos*
telefoonnummer *3.11, 14.1*	el número de teléfono	*el noemero də telefono*
telegram *9.1*	el telegrama	*el telegrama*
telelens *10.4*	el teleobjetivo	*el teleeopchetiebo*
televisie *7.4*	la televisión	*la telebiesieon*
telex *9.1*	el télex	*el teleks*
telkens	cada vez	*kada beS*
temperatuur *10.3, 12.2*	la temperatura	*la temperatoera*
tennisbaan *12.1*	la cancha de tenis	*la kantsja də tenis*
tennisbal *12.1*	la pelota de tenis	*la pelota də tenis*
tennisracket *12.1*	la raqueta de tenis	*la raketa də tenis*
tennis *12.1*	el tenis	*el tenis*
tent *7.2*	la tienda	*la tie-enda*
tentoonstelling *11.1*	la exposición	*la eksposieSieon*
terras *4.1*	la terraza	*la terraSa*
teruggaan	volver	*bolber*
terugkomen *13.3*	volver	*bolber*
tevreden *2.6, 3.8*	contento	*kontento*
theater *11.2*	el teatro	*el teeatro*
theatervoorstelling *11.2*	la función de teatro	*la foenSieon də teeatro*
thee *4.7*	el té	*el te*
theelepel *4.2*	la cuchara de té	*la koetsjara də te*
theepot *7.3*	la tetera	*la tetera*
thermisch bad	el baño termal	*el banjo termal*
thermometer	el termómetro	*el termometro*

thuis *3.10*	en casa	*en kasa*
ticket *6.4*	el billete	*el biejetə*
tijd *3.2*	el tiempo	*el tie-empo*
tijdens *13.4*	durante	*doerantə*
tijdschrift	la revista	*la rebiesta*
toast (geroosterd brood) *4.7*	las tostadas	*las tostadas*
toast (dronk) *4.6*	brindis	*briendies*
tocht (uitstapje) *11.1*	la excursión	*la ekskoersieon*
tochten *7.4*	haber corriente	*aber korjentə*
tochtje *3.7*	la vuelta	*la boe-elta*
toegang *11.1*	la entrada	*la entradə*
toegangsprijs *11.1*	el precio de entrada	*el preSieo də entradə*
toeristenkaart *5.1*	la tarjeta de turista	*la tarchetə də toeriesta*
toeristenklasse	la clase turista	*la klasə toeriesta*
toeristenmenu *4.2*	el menú turístico	*el menoe toeriestieko*
toeslag *6.2*	el suplemento	*el soeplemento*
toilet *4.1, 7.3*	los servicios, el lavabo	*los serbieSieos, el lababo*
toiletartikelen	los artículos de tocador	*los artiekoelos də tokador*
toiletpapier *4.4, 7.4*	el papel higiénico	*el papel iechjenieko*
tolk *14.6*	el intérprete	*el ienterpretə*
tomaat	el tomate	*el tomatə*
tomatenketchup *4.2, 10.2*	el ketchup	*el ketsjup*
tomatenpuree *10.2*	el tomate triturado	*el tomatə trietoerado*
toneel *11.2*	el teatro	*el teeatro*
toneelstuk	la obra de teatro	*la oobra də teeatro*
tong (vis) *4.6*	el lenguado	*el lengoeado*
tong	la lengua	*la lengoea*
tonic *4.2, 10.2*	el agua tónica	*el aağoea tonieka*
tonijn *4.6, 10.2*	el atún	*el atoen*
toren	la torre	*la torrə*
totaal *1.4*	el total	*el total*
touw *5.6, 10.1*	la cuerda	*la koe-erda*
trap *7.4*	las escaleras	*las eskaleras*
trein *6.1*	el tren	*el tren*
treinkaartje *6.6*	el billete de tren	*el biejetə də tren*
trekken (kies) *13.5*	sacar	*sakar*
trektocht *11.1*	la excursión con etapas	*la ekskoersieon kon eetapas*
trottoir	la acera	*la aSera*
trouwen *3.1*	casarse	*kasarsə*
trui *10.3*	el jersey	*el chersei*
tube *10.2*	el tubo	*el toebo*

tuin	el jardín	*el chardien*
tunnel	el túnel	*el toenel*
tussenlanding *6.4*	la escala	*la eskala*
tv	la televisión	*la telebiesieon*
tweede *1.4*	segundo	*segoendo*
tweedehands *10.1*	de segunda mano	*de segoenda mano*
tweepersoons (kamer) *7.3*	doble	*doble*

U

u	usted	*oeste*
ui	la cebolla	*la Seboja*
uiterlijk (niet later dan)	a más tardar	*aa mas tardar*
uitgaan *3.7, 11.2*	salir	*salier*
uitgaansgelegenheid *11.2*	el sitio para salir	*el sietieo para salier*
uitgaanskrant *11.2*	la guía de los espectáculos	*la giea de los espektakoelos*
uitgang	la salida	*la salieda*
uitkleden *13.3*	desvestirse	*desbestierse*
uitleggen	explicar	*ekspliekar*
uitnodigen *3.7*	invitar	*ienbietar*
uitrusten	descansar	*deskansar*
uitslag	la erupción cutánea	*la eeroepSieon koetaneea*
uitspreken	pronunciar	*pronoenSiear*
uitstapje *11.1*	el paseo, la excursión	*el paseeo, la ekskoersieon*
uitstappen *5.9, 6.7*	bajarse	*bacharse*
uitstekend *2.1*	estupendo	*estoependo*
uitverkoop *10.1*	las rebajas, la liquidación	*las rebachas, la liekiedaSieon*
uitwendig *13.4*	tópico, externo	*topieko, eksterno*
uitzicht *7.3*	la vista	*la biesta*
universiteit	la universidad	*la oeniebersieda*
urine *13.3*	la orina	*la ooriena*
uur *1.3*	la hora	*la oora*

V

vaas *10.1*	el florero	*el florero*
vader *3.1*	el padre	*el padre*
vagina *13.2*	la vagina	*la bachiena*
vaginale infectie *13.2*	la infección vaginal	*la ienfekSieon bachienal*
vakantie *2.1*	las vacaciones	*las bakaSieones*
vallei	el valle	*el bajje*
vallen *13.2, 14.3*	caer(se)	*kaaer(se)*
vanavond (tot 21 uur) *1.1, 3.7*	esta tarde	*esta tarde*

vanavond (na 21 uur) *1.1, 3.7*	esta noche	*esta notsjə*
vandaag *1.1, 3.7*	hoy	*oj*
vanille *4.2*	la vainilla	*la bajnieja*
vanmiddag *1.1, 3.7*	esta tarde	*esta tardə*
vanmorgen *1.1, 3.7*	esta mañana	*esta manjana*
vannacht (komende nacht) *1.1, 3.7*	esta noche	*esta notsjə*
vannacht (afgelopen nacht) *1.1*	anoche	*aanotsjə*
varkensvlees *4.2*	la carne de cerdo	*la karnə də Serdo*
vaseline	la vaselina	*la baseliena*
veel	mucho	*moetsjo*
vegetariër *4.2*	el vegetariano	*el bechetarieano*
veilig *12.2*	seguro	*seĝoero*
veiligheidsspeld	el imperdible	*el iemperdieblə*
ver weg *1.6*	lejos	*lechos*
verantwoordelijk	responsable	*responsablə*
verband *13.4*	la gasa	*la ĝasa*
verbandgaas *10.1*	la gasa esterilizada	*la ĝasa esterielieSada*
verbinding *6.1*	el enlace	*el enlaSə*
verblijf *7.3*	la estancia	*la estanSiea*
verboden *12.2*	prohibido	*proo-iebiedo*
verdieping *7.3*	el piso	*el pieso*
verdoven *13.6*	anestesiar	*aanestesiear*
verdrietig *2.6*	triste	*triestə*
verdwalen *14.5*	perderse, extraviarse	*perdersə, ekstrabjarsə*
verf *10.1*	la pintura	*la pientoera*
vergeten *4.4, 13.4, 14.2*	olvidar	*olbiedar*
vergissen (zich)	equivocarse	*eekiebokarsə*
vergissing *4.4*	la equivocación	*la eekiebokaSieon*
verguld	dorado	*dorado*
vergunning *12.1, 12.2*	el permiso	*el permieso*
verhuren *5, 7*	alquilar	*alkielar*
verjaardag *3.3*	el cumpleaños	*el koempleeanjos*
verkeer *5*	el tráfico	*el trafieko*
verkeerd *2.3*	mal, equivocado	*mal, eekiebokado*
verkeerslicht	el semáforo	*el semaforo*
verkoopster *10*	la vendedora	*la bendedora*
verkoudheid *13.2*	el constipado	*el konstiepado*
verkrachting *14.6*	la violación	*la bjolaSieon*
verliefd zijn op *3.9*	estar enamorado de	*estar eenamorado də*
verlies *14.2*	la pérdida	*la perdieda*

verliezen *14.2*	perder	*perder*
vermissing (voorwerp)	extravío	*ekstrabieo*
vermissing (persoon) *14.6*	la desaparición	*la desaparieSieon*
verpleegster *13*	la enfermera	*la enfermera*
verplicht *11.2*	obligatorio	*ooblieĝatorieo*
verrassing	la sorpresa	*la sorpresa*
vers *4.4, 4.7*	fresco	*fresko*
verschonen (baby)	cambiar	*kambjar*
versieren (iem) *3.9*	ligar	*lieĝar*
versleten *7.4*	gastado	*ĝastado*
versnelling *5.4*	el cambio	*el kambjo*
verstaan *2.5, 9.2*	entender	*entender*
versturen *9.1*	enviar	*enbjar*
vertalen *3, 14*	traducir	*tradoeSier*
vertraging *6.1*	el retraso	*el retraso*
vertrek *7.5*	la partida	*la partieda*
vertrekken *3.1, 7.5, 6.1, 11.1*	partir, salir	*partier, salier*
vertrektijd *6.4*	la hora de salida	*la oora də salieda*
vervelen, zich *2.6*	aburrirse	*aaboeriersə*
verversen (olie) *5.5*	cambiar	*kambjar*
verwachting (in) *6, 13*	embarazada	*embaraSada*
verwarming *7.3, 7.4*	la calefacción	*la kalefakSieon*
verwisselen *5.6*	cambiar	*kambjar*
verzekering *5.6, 5.8, 14.3*	el seguro	*el seĝoero*
verzilverd	plateado	*plateeado*
verzwikken *13.2*	torcerse	*torSersə*
vest *10.3*	el chaleco	*el tsjaleko*
vet *4.2, 10.5*	la grasa	*la ĝrasa*
veter *10.3*	los cordones	*los kordones*
via *1.6*	pasando por	*pasando por*
viaduct *5.0*	el viaducto	*el bjadoekto*
videoband *10.4*	la cinta de vídeo	*la Sienta də biedeeo*
videorecorder	el video	*el biedeeo*
vierkant	el cuadrado	*el koeadrado*
vierkante meter	metro(s) cuadrado(s)	*metro(s) koeadrado(s)*
vies *2.6, 7.4*	sucio	*soeSie-o*
vijver	el estanque	*el estankə*
vinden *14.2*	encontrar	*enkontrar*
vinger *13.2*	el dedo	*el dedo*
vis *4.2*	el pescado	*el peskado*
visite *3.7*	la visita	*la biesieta*
vissen *3.5, 12.2*	pescar	*peskar*
visum *5.1*	el visado	*el biesado*

179

vitamine *10.1*	la vitamina	*la bietami̱ena*
vitaminetabletten	las tabletas de vitaminas	*las tabḻetas də bietami̱e-nas*
vla	las natillas	*las nati̱ejas*
Vlaamse *3.1*	la flamenca	*la flam̱enka*
Vlaanderen *3.1*	Flandes	*fḻandes*
vlag *12.2*	la bandera	*la banḏera*
Vlaming *3.1*	el flamenco	*el flam̱enko*
vlees *4.2*	la carne	*la ḵarnə*
vleeswaren *4.7*	los fiambres	*los f̱iambres*
vlek	la mancha	*la m̱antsja*
vlekkenmiddel *10.1*	el quitamanchas	*el kietam̱antsjas*
vlieg *7.4*	la mosca	*la m̱oska*
vliegen (vliegtuig) *6.5*	volar	*boḻar*
vliegtuig *6.4*	el avión	*el aabi̱eon*
vliegveld *6.5, 6.7*	el aeropuerto	*el aaeropoe-̱erto*
vloed *12.2*	la marea alta	*la maṟeea ̱alta*
vloei	el papel de fumar	*el pap̱el də foem̱ar*
vlooienmarkt *10.1, 11.1*	el mercadillo	*el merkadi̱ejo*
vlucht *6.3*	el vuelo	*el boe-̱elo*
vluchtnummer *6.5*	el número de vuelo	*el ṉoemero də boe-̱elo*
vlug *10.1*	rápido	*ṟapiedo*
voedsel *10.1*	el alimento	*el alim̱ento*
voedselvergiftiging *13.3*	la intoxicación alimenticia	*la ientoksiekaSi̱eon aliementi̱eSia*
voelen *13.2*	sentir	*senti̱er*
voet *13.2*	el pie	*el pje*
voetballen, het *12.1*	el fútbol	*el f̱oetbol*
voetbalwedstrijd *11.2*	el partido de fútbol	*el parti̱edo də f̱oetbol*
vol *5.5*	lleno	*lj̱eno*
volgen *5.0*	seguir	*seği̱er*
volgende *1.1, 2.13.7*	próximo, que viene	*pṟoksiemo, ke bj̱enə*
volkoren *10.2*	integral	*iente̱ğral*
volkorenbrood *10.1*	el pan integral	*el pan iente̱ğral*
volleyballen *3.7, 12.1*	jugar al voleibol	*choeğ̱ar al boleiḇol*
voor *1.6, 13.4*	antes, delante de	*̱antes, deḻantə də*
vooraan *11.3*	adelante	*aadeḻantə*
voorbehoedmiddel *10.1, 13.2*	el anticonceptivo	*el antiekonSepti̱ebo*
voorhoofd *13.2*	la frente	*la fṟentə*
voorin *6.3*	adelante	*aadeḻantə*
voorkeur *2.6*	la preferencia	*la prefeṟenSiea*
voorrang *5*	la preferencia	*la prefeṟenSiea*

voorstellen, zich (aan) *3.1*	presentarse	*presentarsə*
voorstellen, zich (iets)	imaginarse	*iemachienarsə*
voorstelling *11.2, 11.3*	la función	*la foenSieon*
voortreffelijk *4.5*	excelente	*eksSelentə*
voorzichtig *14.1*	con cuidado	*kon koe-iedado*
vorig *1.1*	pasado	*pasado*
vork *4.2*	el tenedor	*el tenedor*
vouwwagen *7.2*	el remolque tienda	*el remolkə tie-enda*
vraag *2.2*	la pregunta	*la preĝoenta*
vrachtwagen *5.8*	el camión	*el kamjon*
vragen (verzoeken) *3.2*	pedir	*pedier*
vragen *2.2*	preguntar	*preĝoentar*
vriend *3.1*	el amigo	*el aamieĝo*
vriendelijk *2.4*	amable	*aamablə*
vriendin *3.1*	la amiga	*la aamieĝa*
vriezen *1.5*	helar	*eelar*
vrij *1.1, 3.7, 4.1, 6.1, 11.1*	libre	*liebrə*
vrijdag *1.1*	el viernes	*el bjernes*
vrije tijd *3.5*	el tiempo libre	*el tie-empo liebrə*
vrijen *3.9*	acostarse/hacer el amor	*akostarsə/aSer el amor*
vrijgezel *3.1*	soltero	*soltero*
vroeg *1.3*	temprano	*temprano*
vrouw (echtgenote) *3.1*	la mujer	*la moecher*
vrouw	la mujer	*la moecher*
vrouwenarts *13*	el ginecólogo	*el chienekologo*
vruchtensap *4.7*	el zumo de frutas	*el Soemo də froetas*
vuil *4.4, 7.4*	sucio	*soeSieo*
vuilniszak *10.1*	la bolsa de basura	*la bolsa də basoera*
vulkaan	el volcán	*el bolkan*
vullen (kies) *13.5*	empastar	*empastar*
vulling (kies) *13.5*	el empaste	*el empastə*
vulling *10.2*	el relleno	*el rejeno*
vuur	el fuego	*el foe-eĝo*
vuurtje *12.2*	el fuego	*el foe-eĝo*
vuurtoren	el faro	*el faro*
VVV-kantoor *11.1*	la oficina de (in-formación y) turismo	*la oofieSiena də (ien-formaSieon ie) toeriesmo*

W

waar? *2.2*	¿dónde?	*dondə?*
waarom? *2.2*	¿por qué?	*por ke?*
waarschijnlijk *3.1*	probablemente	*probabləmentə*
waarschuwen *5.6, 14.1*	avisar, llamar	*aabiesar, ljamar*

W

waarschuwing *1.7, 14*	el aviso	*el abieso*
wachten *3.11, 4.1, 5.6, 6.4, 9.2*	esperar	*esperar*
wachtkamer *13.3*	la sala de espera	*la sala də espera*
wagon *6.6*	el coche	*el kotsjə*
wakker	despierto	*despierto*
wandelen *3.5*	salir a caminar	*salier aa kamienar*
wandeling	el paseo	*el paseo*
wandelroute *11.1*	la excursión señalizada	*la ekskoerSie-on senjaliSada*
wandelsport	el excursionismo	*el ekskoersieoniesmo*
wanneer? *2.2*	¿cuándo?	*koeando?*
warenhuis *10*	los grandes almacenes	*los grandes almaSenes*
warm (weer)	cálido/caluroso	*kaliedo/kaloeroso*
warm *4.2*	caliente	*kaljentə*
warmte (weer) *1.5*	calor	*kalor*
was (wasgoed) *7.2, 7.3*	la ropa sucia	*la ropa soeSiea*
wasknijper *7.2, 7.3*	la pinza para la ropa	*la pienSa para la ropa*
waslijn *7.2, 7.3*	la cuerda de colgar la ropa	*la koe-erda də kolgar la ropa*
wasmachine *7.2*	la lavadora	*la labadora*
wasmiddel *10.1*	el detergente	*el deterchentə*
wassen *7.2, 10.3, 10.5*	lavar	*labar*
wasserette	la lavandería (automática)	*la labanderiea (automatieka)*
wat? *2.2*	¿qué?	*ke?*
water *4.2, 5.4, 12.2*	el agua	*el aagoea*
waterdicht *7.2*	impermeable	*iempermeeablə*
watergolven *10.5*	marcar	*markar*
waterskiën	el esquí acuático	*el eskie aakoeatieko*
waterval *12.2*	la cascada	*la kaskada*
watten	el algodón	*el algodon*
wc *7.2, 7.3*	el water/los servicios	*el bater/los serbieSieos*
wedstrijd *11.1*	el concurso	*el konkoerso*
weduwe *3.1*	la viuda	*la bjoeda*
weduwnaar *3.1*	el viudo	*el bjoedo*
week *1.1, 2.1*	la semana	*la semana*
weekabonnement *6.3*	el abono semanal	*el aabono semanal*
weekend *3.10*	el fin de semana	*el fien də semana*
weekenddienst *13.1*	la guardia de fin de semana	*la goeardiea də fien də semana*
weer, het *1.5, 3.4*	el tiempo	*el tie-empo*
weerbericht *1.5*	el pronóstico del tiempo	*el pronostieko del tie-empo*

weg (zn) *5.0*	el camino	*el kamieno*
weg (kwijt) *14.2*	perdido	*perdiedo*
wegenwacht *5.6*	el auxilio en carretera	*el auksieljo en karretera*
weinig	poco	*poko*
wekken *7.3*	despertar	*despertar*
wekker *7.3, 10.1*	el despertador	*el despertador*
welk? *2.2*	¿cuál?	*koeal?*
welkom *3.11*	bienvenido	*bjenbeniedo*
welterusten *2.1*	que descanse	*ke deskanse*
werk *3.1*	el trabajo	*el trabacho*
werkdag *1.1*	el día laborable	*el diea laborable*
werkloos *3.1*	en paro	*en paro*
wesp *7.4, 13.2*	la avispa	*la aabiespa*
west *1.6*	el oeste	*el ooeste*
weten *2.3, 2.5*	saber	*saber*
wie? *2.2*	¿quién?	*kjen?*
wiel *5.4, 5.7*	la rueda	*la roe-eda*
wij	nosotros	*nosotros*
wijn *4.2*	el vino	*el bieno*
wijnkaart *4.2*	la carta de vinos	*la karta de bienos*
wijzen *2.2*	indicar	*iendiekar*
wijzigen	cambiar	*kambjar*
wind *3.4*	el viento	*el bjento*
windscherm	la protección contra el viento	*la protekSieon kontra el bjento*
winkel *10*	la tienda	*la tie-enda*
winkelcentrum *10*	el centro comercial	*el Sentro komerSieal*
winter *1.1*	el invierno	*el ienbjerno*
wisselen *8.1, 9.1*	cambiar	*kambjar*
wisselgeld (pasmunt) *4.3, 8.2*	el cambio	*el kambjo*
wisselgeld (geld terug) *4.3, 8.2*	la vuelta	*la boe-elta*
wisselkantoor *8.1*	la oficina de cambio	*la oofieSiena de kambjo*
wisselkoers *8.1*	el tipo de cambio	*el tiepo de kambjo*
wit	blanco	*blanko*
witlof	las endivias	*las endiebieas*
woensdag *1.1*	el miércoles	*el mjerkoles*
wol *10.3*	la lana	*la lana*
wond *13.2*	la herida	*la erieda*
wonen *3.1*	vivir	*biebier*
woord *9.1*	la palabra	*la palabra*
woordenboek	el diccionario	*el diekSieonarieo*

| worst | el embutido | *el emboet<u>ie</u>do* |
| wortel | la zanahoria | *la Sanaa<u>o</u>riea* |

| yoghurt | el yogur | *el jo<u>goe</u>r* |

zaal (in theater) *11.3*	la platea	*la plat<u>ee</u>a*
zakdoek	el pañuelo	*el panjoe-<u>e</u>lo*
zakenreis *5.1*	el viaje de negocios	*el bj<u>a</u>chə də ne<u>go</u>Sieos*
zakmes *10.1*	la navaja	*la nab<u>a</u>cha*
zalf *13.4*	la pomada, el ungüento	*la pom<u>a</u>da, el oen<u>goe</u>-<u>e</u>nto*
zandstrand *12.2*	la playa de arena	*la pl<u>a</u>ja də aar<u>e</u>na*
zaterdag *1.1*	el sábado	*el s<u>a</u>bado*
zebrapad *5*	el paso de peatones	*el p<u>a</u>so də peeat<u>o</u>nəs*
zee *12.2*	el mar	*el mar*
zeef *10.1*	el tamiz	*el tam<u>ie</u>S*
zeem *10.1*	la gamuza	*la <u>ga</u>moeSa*
zeep	el jabón	*el chab<u>o</u>n*
zeepdoos *10.1*	la jabonera	*la chab<u>o</u>nera*
zeeppoeder *10.1*	el jabón en polvo	*el chab<u>o</u>n ən p<u>o</u>lbo*
zeeziek	mareado	*maree<u>a</u>do*
zeggen *13.3*	decir	*deS<u>ie</u>r*
zeilboot	el velero	*el bel<u>e</u>ro*
zeilen	la vela	*la b<u>e</u>la*
zelfde	mismo	*m<u>ie</u>smo*
zelfontspanner	el disparador auto- mático	*el disparad<u>o</u>r auto- m<u>a</u>tieko*
ziek *13.2*	enfermo	*enf<u>e</u>rmo*
ziekenauto *14.1*	la ambulancia	*la amboel<u>a</u>nSiea*
ziekenfonds *13.3*	el seguro de enferme- dad	*el se<u>go</u>ero də enferm<u>e</u>da*
ziekenhuis *13.3*	el hospital	*el ospiet<u>a</u>l*
ziekte *13*	la enfermedad	*la enferm<u>e</u>da*
zilver	la plata	*la pl<u>a</u>ta*
zin hebben *3.7*	apetecer	*aapeteS<u>e</u>r*
zin (woorden)	la frase	*la fr<u>a</u>sə*
zitplaats *6.3*	el asiento, la butaca	*el aasie-<u>e</u>nto, la boet<u>a</u>ka*
zitten *3.2*	estar sentado	*est<u>a</u>r sent<u>a</u>do*
zoek (kwijt) *14.2*	extraviado	*ekstrabj<u>a</u>do*
zoeken *14.5*	buscar	*boesk<u>a</u>r*
zoet *4.2*	dulce	*d<u>oe</u>lSə*
zoetjes (zn) *4.7*	la sacarina	*la sakar<u>ie</u>na*

zomer *1.1*	el verano	*el berano*
zomertijd	la hora de verano	*la ora də berano*
zon *7.2*	el sol	*el sol*
zondag *1.1*	el domingo	*el domiengo*
zonnebaden *12.2*	tomar el sol	*tomar el sol*
zonnebrandcrème *10.1, 12.2*	la crema solar	*la krema solar*
zonnebrandolie	el aceite bronceador	*el aaSeitə bronSeeador*
zonnebril *10.1, 12.2*	las gafas de sol	*las gafas de sol*
zonnehoed *10.1, 12.2*	el sombrero de playa	*el sombrero de plaja*
zonnescherm *7.4*	el toldo	*el toldo*
zonnesteek *13.2*	la insolación	*la iensolaSieon*
zonsondergang *3.7*	la puesta del sol	*la poe-esta del sol*
zonsopgang *3.7*	la salida del sol	*la salieda del sol*
zool *10.3*	la suela	*la soe-ela*
zoon *3.1*	el hijo	*el iecho*
zout	la sal	*la sal*
zuid *1.6*	el sur	*el soer*
zuiveringszout *10.1*	el bicarbonato	*el biekarbonato*
zure room *10.3*	la nata ácida	*la nata aaSieda*
zus *3.1*	la hermana	*la ermana*
zuur *4.2*	agrio	*aağrieo*
zwaar (tabak)	negro	*neğro*
zwaar	pesado	*pesado*
zwak	débil	*debiel*
zwanger *13.3*	embarazada	*embaraSada*
zwart	negro	*neğro*
zweefvliegen	el vuelo sin motor	*el boe-elo sien motor*
zweer *13.2*	la úlcera	*la oelSera*
zweet *6.3*	el sudor	*el soedor*
zwembad *7.1, 12.2*	la piscina	*la pieSiena*
zwembroek *12.2*	el bañador	*el banjador*
zwemmen *3.7, 12.2*	nadar	*nadar*
zuivel *10.3*	los productos lácteos	*los prodoektos lakteeos*

N

Beknopte grammatica

1   Het lidwoord

	Man. enk.	Man. mv.	Vr. enk.	Vr. mv.
(de/het)	el	los	la	las
(een)	un		una	

* unos hombres = enkele, enige mannen
  unas mujeres = enkele, enige vrouwen
* de (van) + el = del
  a (naar, aan) + el = al

2   Het zelfstandig naamwoord

In het algemeen geldt dat zelfstandige naamwoorden die op een -o eindigen mannelijk zijn en de zelfstandige naamwoorden die op een -a eindigen vrouwelijk.

Een zelfstandig naamwoord dat op een klinker eindigt krijgt in het meervoud een -s;
een zelfstandig naamwoord dat op een medeklinker eindigt krijgt in het meervoud -es;

el cigarrillo	(sigaret)	los cigarrillos
el mes	(maand)	los meses

la guitarra	(gitaar)	las guitarras
la ciudad	(stad)	las ciudades

* Het mannelijk meervoud kan ook op mannen en vrouwen samen slaan:
  los reyes =   1. de koningen
              2. de koning en de koningin
  los padres =   1. de vaders
              2. de ouders
  los hijos =   1. de zonen
              2. de kinderen

a) De meeste bijvoeglijke naamwoorden eindigen in de mannelijke vorm op -o; in de vrouwelijke vorm wordt die -o een -a:
el restaurante barato   (het goedkope restaurant)
la cafetería barata   (de goedkope lunchroom)

b) De bijvoeglijke naamwoorden die eindigen op een -e of een klinker hebben één en dezelfde vorm voor het mannelijk en het vrouwelijk:
un chico inteligente   (een intelligente knul)
una chica inteligente   (een intelligente meid)
un jersey azul   (een blauwe trui)
una falda azul   (een blauwe rok)

c) Bijvoeglijke naamwoorden die zijn afgeleid van geografische namen hebben altijd een vrouwelijk vorm op -a:
neerlandés – neerlandesa (Nederlands)
español – española (Spaans)

* Het bijvoeglijk naamwoord staat meestal achter het zelfstandig naamwoord.

* De vorming van het meervoud gaat net als bij de zelfstandige naamwoorden:
los restaurantes baratos
los chicos inteligentes
las faldas azules

* trappen van vergelijking:
duur   caro
duurder   más caro
duurst   lo más caro

* De uitgang -ísimo/-ísima geeft een eigenschap aan in een zeer hoge graad:
Este restaurante es carísimo   Dit restaurant is erg duur
La comida es malísima   Het eten is heel slecht
General   Generaal
Generalísimo   Opperbevelhebber (titel van Franco)

4   Het bijwoord

Een aantal uitzonderingen daargelaten, wordt het bijwoord gevormd door achter de vrouwelijke vorm van het bijvoeglijk naamwoord de uitgang -mente te zetten:

¿Hay un vuelo directo?	Is er een rechtstreekse vlucht?
Sí, éste va directamente.	Ja, deze gaat rechtstreeks.

5   Het persoonlijk voornaamwoord

Het persoonlijk voornaamwoord (ik/jij/hij/zij etc.) als onderwerp wordt in het Spaans weinig gebruikt, de werkwoordsuitgangen geven n.l. al aan om welk onderwerp het gaat. Daar waar het onderwerp de nadruk heeft worden ze echter wel gebruikt:

yo	ik	nosotros/ nosotras	wij
tú	jij	vosotros/ vosotras	jullie
él	hij	ellos	zij (m.)
ella	zij	ellas	zij (v.)
usted	u	ustedes	u

* Nosotros en vosotros hebben een aparte vrouwelijk vorm.

* Usted wordt vaak afgekort tot ud. en ustedes tot uds.

6   Het bezittelijk voornaamwoord

Het bezittelijk voornaamwoord heeft aparte vormen voor het enkelvoud en het meervoud:

mi maleta	mis maletas	mijn koffer(s)
tu maleta	tus maletas	jouw koffer(s)
su maleta	sus maletas	zijn/haar/uw koffer(s)
nuestra maleta	nuestras maletas	onze koffer(s)
vuestra maleta	vuestras maletas	jullie koffer(s)
su maleta	sus maletas	hun koffer(s)

* De bezittelijke voornaamwoorden nuestro en vuestro maken ook nog onderscheid tussen mannelijk en vrouwelijk:

nuestro(s) bolso(s)	onze tas(sen)
vuestro(s) bolso(s)	jullie tas(sen)
nuestra(s) maleta(s)	onze koffer(s)

vuestra(s) maleta(s)   jullie koffer(s)

BEKNOPTE GRAMMATICA

Spaanse werkwoorden eindigen op:
-ar   (hablar – praten)
-er   (comer – eten)
-ir   (vivir – wonen/leven)

Tegenwoordige tijd
De uitgang van het hele werkwoord bepaalt de vervoeging ervan. De voltooid tegenwoordige tijd (ik praat/jij praat/hij praat etc.) is als volgt:

	-ar	-er	-ir
hele ww.	hablar	comer	vivir
ik	hablo	como	vivo
jij	hablas	comes	vives
hij/zij/u	habla	come	vive
wij	hablamos	comemos	vivimos
jullie	habláis	coméis	vivís
zij/u	hablan	comen	viven

* Enkele werkwoorden hebben een afwijkende vervoeging, zoals:

tener (hebben)	poder (kunnen)	querer (willen)
tengo	puedo	quiero
tienes	puedes	quieres
tiene	puede	quiere
tenemos	podemos	queremos
tenéis	podéis	queréis
tienen	pueden	quieren

ir (gaan)	hacer (doen/maken)
voy	hago
vas	haces
va	hace
vamos	hacemos
vais	hacéis
van	hacen

* *Tener que* gevolgd door het hele werkwoord betekent 'moeten':
  tengo que ir a Madrid   ik moet naar Madrid (gaan)

tienen que comer   ze moeten eten

* Het Spaans kent twee werkwoorden voor 'zijn':
    1. estar
– bij het aanduiden van de plaats van iets (zich bevinden):
    Estoy en casa – Ik ben thuis
– bij het aanduiden van een niet blijvende toestand:
    Estamos cansados – We zijn moe
– bij het geven van subjectieve oordelen over personen en zaken:
    ¡Qué bueno está el café! – Wat is de koffie lekker!

    2. ser
– bij definities:
    La ginebra es una bebida alcohólica – Jenever is een alcoholhouden-
    de drank
– bij het aangeven van plaats of tijd van een gebeurtenis:
    La fiesta es el domingo – Het feest is op zondag
    La reunión es en casa de Manuel – De vergadering is bij Manuel thuis
– bij het aanduiden van beroep, nationaliteit, identiteit:
    Somos profesoras – Wij zijn lerares
    Es francés – Hij is Fransman
    Soy Carmen – Ik ben Carmen
– bij het aanduiden van verwantschap en herkomst:
    Isabel es mi hermana – Isabel is mijn zus
    Soy de Amsterdam – Ik kom (ben afkomstig) uit Amsterdam
– om een wezenlijke eigenschap aan te duiden:
    Eres rubia – Jij (v.) bent blond

De vervoeging van deze werkwoorden is als volgt:

estar	ser
estoy	soy
estás	eres
está	es
estamos	somos
estáis	sois
están	son

Voltooide tijd
De Spaanse verleden tijden kunnen niet allemaal in dit boekje worden
behandeld. Om in ieder geval over de verleden tijd te kunnen spreken,
geven we hier de voltooide tijd.